# 拼多多 一册通

## 开店·经营·管理

葛存山 刘秀勇 孙莹月 编著

人民邮电出版社

北京

图书在版编目（ＣＩＰ）数据

拼多多开店　经营　管理　一册通 / 葛存山，刘秀勇，孙莹月编著. -- 北京：人民邮电出版社，2021.5
ISBN 978-7-115-56139-8

Ⅰ．①拼… Ⅱ．①葛… ②刘… ③孙… Ⅲ．①网店—运营管理 Ⅳ．①F713.365.2

中国版本图书馆CIP数据核字(2021)第046454号

◆ 编　　著　葛存山　刘秀勇　孙莹月
　　责任编辑　赵　轩
　　责任印制　王　郁　陈　犇
◆ 人民邮电出版社出版发行　　北京市丰台区成寿寺路11号
　　邮编　100164　　电子邮件　315@ptpress.com.cn
　　网址　https://www.ptpress.com.cn
　　北京七彩京通数码快印有限公司印刷
◆ 开本：700×1000　1/16
　　印张：15.25　　　　　　　2021年5月第1版
　　字数：242千字　　　　　　2025年11月北京第7次印刷
　　　　　　　　　定价：59.80元

读者服务热线：(010)81055410　印装质量热线：(010)81055316
反盗版热线：(010)81055315

# 前言

拼多多以社交电商起家，与其他电商平台相比，具有门槛低、流量大、推广快、成本低等优势。从商业模式来看，拼多多主打"团购"和"低价"的运营策略，背靠微信的庞大流量和社交红利，为自己吸引了大量的忠实消费者。商业模式的成功，造就了拼多多的急速成长。但是让人不解的是，在这个消费升级的时代，主打低价的拼多多为什么会有这么大的市场呢？虽然我国国民的整体收入在不断增长，但是大部分人在消费选择上还是以追求高性价比为主，他们不被品牌和服务的高溢价所迷惑，也不被所谓的品质和调性所"绑架"，更愿意用相对较低的价格买到实用的东西。

毫无疑问，在今天，拼多多已经从一个电商新秀跻身为电商巨头；越来越多的商家（卖家）选择在拼多多开店，想在社交电商领域分得一杯羹。但是其中的很多新手会感到迷茫：在拼多多开店创业，应该从哪儿入手？怎样拍摄和处理商品图片？怎样推广和宣传店铺？针对大家遇到的这些难题，作者编写了本书，对在拼多多开店的方方面面进行了系统讲解，以帮助读者快速提升拼多多网店运营能力，突破店铺运营瓶颈。

本书作者拥有多年电商运营实战经验，曾亲自在网上开店，也曾帮助多位卖家突破生意瓶颈，并著有畅销书《淘宝网开店、装修、管理、推广一册通》。

由于拼多多 App 会不定期更新，因此本书中所展示的功能和界面可能与实际有所差异，请读者对比参考，以实际情况为准。

本书的特色和价值表现在以下几个方面。

- 本书介绍了拼多多开店、装修、推广、营销、客服和管理的全流程。

- 本书提供的大部分技术都是经过作者或者其他卖家证明确实有效的，都能够实实在在地帮助卖家。

- 本书为了配合初次开网店的读者，配备了大量详细的图文参照，一步步地教读者操作。有了这本书，在网上开店将变得十分简单。

# 目录

# 第❶章　轻松做好拼多多开店准备

　　目前，网上购物已经被越来越多的人所接受。这种全新的购物方式和便捷的消费模式也正在慢慢扩展甚至取代传统的购物方式，成为越来越多追求时尚的人的首选。这一购物方式也催生了很多网上商店。网上开店不仅成为一种时尚，而且成为一些人的事业。如果你稍加留意，就会发现身边有一群人，他们在家点点鼠标、敲敲键盘，就做成了成百上千笔生意。

　　想要在拼多多开店的人，对于拼多多平台可能已经有一定的了解，但是开店是不能盲目的，需要提前做一些准备，那么在拼多多开店要做哪些准备工作呢？本章将详细讲述在拼多多开店的准备工作。

# 1.1　拼多多开店入门

众所周知，淘宝的用户已经非常垂直和精准了，平台规则的完善意味着新手在淘宝开店很难，因为它的精细化运营难度不亚于开一家实体店。现在的拼多多就像 10 年前的淘宝一样潜力无限，再加上现在拼多多需要各种卖家入驻，正在把平台红利让给入驻卖家，因此，现在在拼多多开店可能是一个不错的机遇。

## 1.1.1　什么样的卖家适合在拼多多开店

拼多多不仅平台流量大，而且开店门槛非常低，只要你有一定的供货能力，就可以在拼多多开店。在商品类型方面，尽量选择低价、量大的商品，因为低价能够快速获取用户。

作为卖家，必须考虑自己能否出售低价的商品，并且还能从中盈利，商品成本、人力成本和物流成本都是卖家需要考虑的因素。卖家必须去迎合平台的偏好，这样才能受平台和用户欢迎。

当然，在拼多多开店之前，卖家还需要准备一些基本资料。例如，想开企业店铺的卖家，需要相关的品牌资质，如图 1-1 所示。另外，卖家还需要具备相关的行业资质，不同店铺类型的资质要求也不一样。

| 店铺类型和资质说明 | | | | | | 　✕ |
|---|---|---|---|---|---|---|
| 店铺类型 | 普通入驻（企业店） | 需上传的资质证明 | | | | |
| | | 企业三证 | 商标注册证 | 授权书 | 身份证 | |
| 旗舰店 | 1. 经营1个或多个自有品牌的旗舰店 | ✓ | ✓ | | ✓ | |
| | 2. 经营1个授权品牌的旗舰店，且品牌授权书为一级独占授权 | ✓ | ✓ | ✓ | ✓ | |
| | 3. 卖场型品牌（服务类商标）所有者开设的品牌旗舰店（限拼多多商城主动邀请入驻） | ✓ | ✓ | | ✓ | |
| 专卖店 | 1. 经营1个或多个自有品牌的专卖店 | ✓ | ✓ | | ✓ | |
| | 2. 经营1个授权销售品牌的专卖店（授权不超过2级） | ✓ | ✓ | ✓ | ✓ | |
| 专营店 | 1. 经营1个或多个自有品牌商品的专营店 | ✓ | ✓ | | ✓ | |
| | 2. 经营1个或其他人品牌商品的专营店（授权不超过4级） | ✓ | ✓ | ✓ | ✓ | |
| | 3. 既经营他人品牌商品又经营自有品牌商品的专营店（授权不超过4级） | ✓ | ✓ | ✓ | ✓ | |
| 普通店 | 普通企业店铺 | ✓ | | | ✓ | |

图 1-1

## 1.1.2 个人店和企业店有什么区别

在拼多多平台开店的时候会有两个选择：一种是个人店，另一种是企业店。那么这两种方式有什么区别吗？哪一种更好一些呢？其中，个人店适合个人和个体工商户入驻，个人只需提供个人身份证即可，个体工商户需要提供个人身份证和个体工商户营业执照；企业店适合公司/企业开店，提供营业执照等资料即可开店。

### 1. 个人店

个人店的开店主体主要为个人和个体工商户，需要提供的入驻资质证明和相关要求如表 1-1 所示。

表 1-1

| 开店主体 | 主体资质 | 详情描述 |
|---|---|---|
| 个人 | 身份证人像面照片原件<br>身份证国徽面照片原件 | 1. 身份证照片必须上传原件<br>2. 距离有效期截止时间应大于 3 个月<br>3. 证件清晰，不要倒置 |
| 个体工商户 | 身份证人像面照片原件<br>身份证国徽面照片原件<br>个体工商户营业执照 | 身份证相关要求同"个人"<br>个体工商户营业执照要求如下<br>1. 个体工商户执照需要上传原件<br>2. 属于入驻人的个体工商户执照<br>3. 公司类型为个体工商户性质<br>4. 距离有效期截止时间应大于 3 个月<br>5. 证件清晰 |

### 2. 企业店

开企业店不仅要提供企业法人和店铺管理人的身份证，而且两者还要为同一人。店铺管理人的身份证照片具体要求同开店主体为"个人"的要求，除此以外，开企业店还需要提供一些必要的资质证明文件，相关要求如图 1-1 所示，具体包括企业三证（即工商营业执照、组织机构代码证和税务登记证）、商标注册证、授权书、身份证，相关说明和详情描述如表 1-2 所示。

表 1-2

| 资质证明 | 相关说明 | 详情描述 |
| --- | --- | --- |
| 法人身份证 | 法人身份证人像面照片<br>法人身份证国徽面照片 | 1. 身份证件<br>2. 身份证件非原件需加盖开店公司的鲜章<br>3. 距离有效期截止时间应大于 3 个月<br>4. 证件清晰，不要倒置 |
| 企业三证 | 企业三证包括工商营业执照、组织机构代码证和税务登记证，三证合一的营业执照不需要上传组织机构代码证和税务登记证 | 1. 确保申请入驻的企业不在《经营异常名录》中且所销售的商品在其经营范围内<br>2. 复印件或扫描件需要加盖公司鲜章<br>3. 距离有效期截止时间应大于 3 个月<br>4. 证件清晰，上传图片不要倒置 |
| 商标注册证 | —— | 1. 已经注册的商标（R 状态）或正在受理注册中的商标（TM 状态，注册申请时间必须满 6 个月）<br>2. 距离截止时间要大于 3 个月<br>3. 证件清晰，上传图片不要倒置 |
| 授权书 | 旗舰店需要 1 级独占授权书，且授权级别需在 2 级以内；专卖店授权级别需在 2 级以内；专营店授权级别需在 4 级以内。若商标注册证或受理书上的注册人 / 申请人是入驻主体，则不需要提供授权书 | 1. 若商标注册证或受理书上的注册人 / 申请人不是入驻主体，则需要提供授权书，且授权级别需在 2 级以内<br>2. 若商标注册证或受理书上的注册人 / 申请人是入驻主体，则不需要提供授权书 |

## 3. 保证金

在拼多多开店的保证金可以分为店铺保证金和活动保证金，如图 1-2 所示。卖家要开店，或者要参加活动，就需要缴纳一定的保证金，这也是平台为了防止一些卖家在出现违规情况后"跑路"，最后消费者的权益难以得到保障。店铺保证金是卖家开店的一种承诺，也是对消费者的一份保障，卖家要开店就需要缴存足够的保证金，将保证金存在平台，由平台保管。

| 店铺保证金(元) | 阈值: 2000.00 | 活动保证金(元) |
| 0.00 | | 0.00 |

图 1-2

当卖家退出拼多多平台的时候，保证金会退还给卖家，到时候卖家只需要申请关闭在拼多多运营的店铺，然后下架所有商品，关闭时间以最后一个确认收货订单的时间为基准。如果卖家没有出现违规情况，经过一个月的无售后监测期，然后完成关店的最终审核之后，保证金会在通过审核后的 30 个工作日内到账。

拼多多平台鼓励卖家"0 元入驻"，即先发布商品，然后再缴存保证金，也就是说，卖家在发布商品前是不需要缴存保证金的。但是，卖家如果想把店铺做大，想赚更多的钱，还是要缴存保证金，否则店铺会受到一些限制。

店铺保证金的缴存金额以卖家管理后台相应页面的提示金额为准。卖家缴存足额的店铺保证金以前，其店铺将受到下列限制。

（1）货款提现功能受限。

（2）商品发布、销售等店铺经营相关功能受限。

（3）无法使用"店铺营销"功能，无法参与营销活动、竞价活动。

（4）无法使用"店铺推广"功能，无法进行新建推广计划等操作。

（5）拼多多认为必要的其他限制。

从拼多多的相关入驻规则来看，入驻保证金的数额会根据卖家所售卖的商品的类目来确定，如果需缴存保证金的类目不多，对于开店的资金要求不会特别高，想要入驻的卖家可以在阅读官方的入驻手册后，准备相应的资金。

店铺保证金分为基础店铺保证金和特殊店铺保证金两种。通常情况下，个人店和企业店的虚拟类目保证金都是 1 万元，个人店的其他各主营类目的保证金均为 2 000 元，企业店的其他各主营类目的保证金均为 1 000 元。

## 1.1.3　拼多多卖家的分类和特点

下面来看看拼多多卖家的主要分类和特点。

### 1. 大卖家

大卖家是相对而言的，在新手看来，大卖家就是日销售量上百件的卖家，而在卖家自己看来，可能至少要达到上千件的日销售量才算合格。当然我们一般说的大卖家是自己能把控货源，有完整的团队、自己的风格和定价标准，有相当不错的销售业绩的卖家。

### 2. 中 / 小型卖家

中型卖家大部分是从其他电商平台转型而来的，具备一定的电商基础、稳定的供应链和差异化商品打造能力，而且有稳定的新品推广计划，在店铺的爆款策略、测款方法、动销数据分析、老客户维护以及店内流量循环方面都做得比较好，同时学习能力强，能够与拼多多平台共同成长。

小型卖家是指那些缺乏稳定的供应链，主要通过市场拿货的卖家，他们的运营能力一般，也没有过多精力去研究运营策略。小型卖家缺乏爆款打造能力，同时也极少去做新品推广计划，因此他们的店铺很少会产生爆款商品。

## 1.1.4　不同类型卖家如何提升才能在拼多多赚到钱

清楚了拼多多平台上的不同类型卖家后，接下来分析这些卖家的运营思路，看看他们要如何提升才能在拼多多赚到钱。

### 1. 大卖家

大卖家的主要提升方法是提升团队的精细化运营能力，从而让店铺获得更多的曝光，争取到更多的竞争资源，做出更多的爆款商品。

### 2. 中 / 小型卖家

对于中型卖家来说，主要的提升方法是采取差异化的商品策略，从而避开与大卖家的直接竞争。因此，中型卖家需要多去研究商品款式的布局，打造高附加值的商品来提高自己的利润，最好能够让付费流量直接转化为利润。而对于小型卖家来说，要实现盈利比较困难，小型卖家采取的主要措施如下。

（1）给商品定价时不要打单纯的价格战，要预留广告费。

（2）做好店铺风格定位，专注于一个类型的商品和人群。

（3）多上新款，争取获得更多的新品权重，提高店铺排名。

（4）为用户贴上精准标签，增加在"千人千面"规则下的流量。

（5）提升商品质量和客户服务，积累更多优质的客户资源。

（6）优化或者淘汰销量差的商品，提高店铺动销率。

（7）做好售前、包装和发货等店铺服务，赢得口碑。

# 1.2　在拼多多开店的优势

拼多多的用户增长速度是史无前例的，拼多多之所以能做到这一点，除了具有吸引用户的价格外，核心是其基于"社交＋电商"的拼团营销模式。

"社交＋电商"的拼团营销模式的主要作用在于让更多的用户获得并分享实惠；从"拼多多"本身的字面意思来理解，我们可将其拆分为"拼"团和实惠"多多"两层意思，即鼓励用户"拼团"分享，享受更多优惠。

进入拼多多的首页，可以看到有限时秒杀、断码清仓、9块9特卖、充值中心、医药馆、现金签到、多多赚大钱、砍价免费拿、天天领现金等分类功能或服务，这些都是为了让用户买到更便宜更实惠的商品，拼出更低的价格，如图1-3所示。

图1-3

拼团是一种快速有效的营销活动，它使用裂变的方式，促使参与者自发进行传播，堪称"营销神器"。拼团的主要玩法是在限定的时间内，邀请购买的人越多，价格越低。

例如，多多赚大钱活动，用户可以通过参与活动获取优惠与奖励，而且升到相应的等级也会获得奖励，如图1-4所示。在多多赚大钱活动中，用户每邀请一位好友助力，赚金币的速度就会立即翻倍，也可以参加各种领金币任务。另外，用户也可以邀请好友前来平台领金币，这样自己可获得更多的金币。

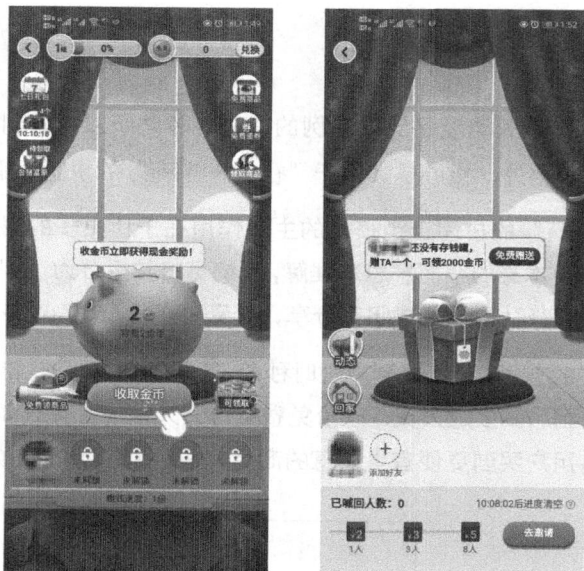

图1-4

相较于传统的电商模式，拼团的最大特点就是去中心化，以用户为核心构建传播链条，短时间内在同一个圈层的用户中扩散，可积累数量庞大的精准用户。

拼团模式的核心在于利用社交网络及熟人间的信任，来自亲朋好友的邀请会增加新用户对商品的信任。拼团的发起人和参与者都是通过微信分享并完成交易的，此规则可以激发用户消费的积极性，让用户自发进行传播。在拼多多平台，通常两人即可完成拼团。用户下单后需要发起拼团请求，将商品链接分享给好友，好友参与拼单后，还可以继续分享商品链接，如此循环往复直到拼团成功。随着商品链接被用户不断地分享和传播，拼团获取的用户数也会不断增加，极大地降低了流量的获取成本。

# 第❷章　寻找有潜力的商品

　　在网店经营过程中，清晰的定位是关键。清晰的定位能让你的网店具有强大的核心竞争力。网店经营中，货源和客源是最重要的，而货源又是客源的基础。货源是制约网店经营的一个门槛。本章将介绍在拼多多什么东西比较好卖，探讨"怎么进货""如何谈判"等问题。有了好的商品，你的营销技巧才能发挥作用。

## 2.1    在拼多多卖什么东西比较好

要在拼多多开店，首先要有适合通过网络销售的商品，但并非所有适合通过网络销售的商品都适合个人开店销售。比如家电产品，假如你不熟悉家电产品的进货渠道，没有价格优势，就很难获得成功。因此，在选择售卖商品时，应尽量避免涉足不熟悉、不擅长的领域。同时，要确定目标消费者的需求，从他们的需求出发选择商品。

### 2.1.1    哪些商品适合在拼多多上销售

笔者通过对拼多多在售商品信息的统计发现，适合在拼多多上销售的商品一般具备以下特点。

（1）体积较小，方便运输，能降低运输成本。

（2）具备独特性或紧跟时尚。

（3）价格优惠。

（4）通过在网站上了解就可以激起消费者的购买欲。如果一件商品消费者必须亲眼见到、触摸后才能产生购买所需要的信任度，那么它就不适合在网络上销售。

（5）线下没有，只有线上才能买到，比如外贸订单商品。

（6）能被普遍接受的标准化商品。这类商品的特点在于，商品质量、性能易于鉴别，具有较高的可靠性，即使发生商品质量纠纷，也易于解决，而且此类商品的售后服务工作也易于开展，对卖家和消费者都较为有利。

要注意的是，在拼多多销售商品时应遵守国家的法律法规，不能销售违禁商品。

### 2.1.2    有热卖潜力的商品

确定要开一家网店后，"卖什么"就成为卖家面临的最主要的问题了。在确定卖什么的时候，卖家要综合自身财力、商品属性以及物流运输的便捷性，对要售卖的商品加以定位。哪些商品是人们最喜欢在网上购买的？目前，个人网上店铺中交易量比较大的商品包括服装服饰、化妆品、珠宝饰品、手机、家居饰品等。在这方面，网店与传统的店铺并无太大区别。拥有好的市场和竞争力的商品，是网店成功的重要因素。

从消费结构看，相对于食物等生活必需品，消费者更关心数码家电、服装、香水、珠宝饰品等可满足高品质生活要求的商品。

目前网上交易量比较大的商品主要是家居日用品、服饰、手机、化妆品等。不过随着时间、环境和消费观念的变化，适合在网上销售的商品也在发生变化。其实不管卖什么，线上线下都差不多，有竞争力的商品是成功的关键。

图 2-1 所示为我国网络零售行业交易规模及其增长率数据。

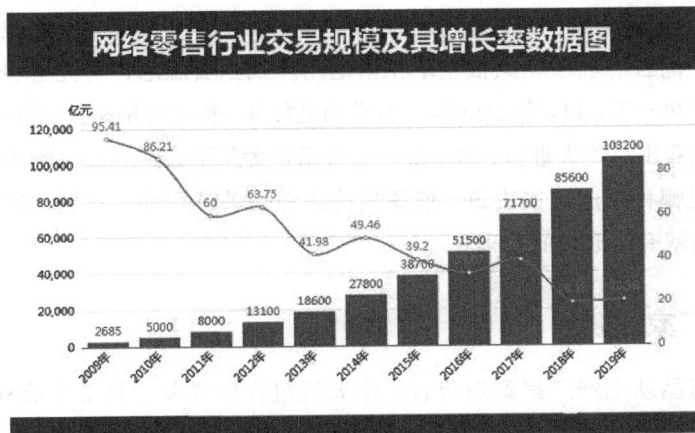

图 2-1

## 2.2　选择进货渠道

确定了卖什么之后，就要开始找货源了。网店之所以有利润空间，成本较低是重要原因。拥有了物美价廉的商品，网店便取得了制胜的法宝。当然，因为在拼多多开店手续简单，卖家也可以随时根据自己发现的货源情况调整网店的经营方向。

### 2.2.1　大型批发市场

虽然厂家能提供一手货源，但是一般的厂家都有一定的大客户，他们通常不会和小卖家合作。批发市场中的商品价格一般比较低，这也是众多卖家选择的货源地。从批发市场进货一般有以下特点。

（1）批发市场的商品数量多、品种全、挑选余地大、易"货比三家"。

（2）批发市场很适合兼职卖家，在这里进货时间和进货量都比较自由。

（3）批发市场的商品价格相对较低，对于网店来说容易实现薄利多销。

与其他几种渠道相比，批发市场的确是新手卖家不错的选择。如果你周围刚好有大的批发市场，不妨去那里看看。卖家多与批发商交往不但可以熟悉行情，而且可以拿到很低的批发价格。

通过和一些批发商建立良好的供求关系，卖家不仅能够拿到第一手的流行货品，而且这些货品在拼多多销售时的低价位也能得到保证。这不仅有利于商品的销售，而且有利于卖家很快地积累信用。找到货源后，可先进少量的货，在拼多多试卖一下，如果销量好再考虑增加进货量。有些卖家和批发商关系很好，往往是商品卖出后才去进货，这样既不会占用资金又不会造成商品的积压。总之，不管是通过哪种渠道寻找货源，低廉的价格都是关键因素。找到了物美价廉的货品，网店就有了成功的基础。

## 2.2.2　厂家货源

一件商品从生产厂家到消费者手中要经过许多环节，其基本流程如下：

原料供应商→生产厂家→全国批发商→地方批发商→终端批发商→零售商→消费者。

如果是进口商品，还要经过进口环节，涉及运输、报关、商检和财务结算等；经过如此多环节、多层次的流通和多次运输的过程，自然就会产生附加费用。这些费用都会被分摊到每一件商品，所以，对于一件出厂价格为 2 元的商品，消费者可能需要花 15 元才能买得到。卖家如果可以直接从厂家进货，且有稳定的进货量，无疑可以拿到理想的进货价格，而且正规的厂家货源充足，信誉度高，如果长期合作的话，一般都能争取到商品调换和退货还款等权益。一般卖家能从厂家拿到的货源商品并不多，因为多数厂家不屑与小规模的卖家打交道，但有些在线下不算热销的商品是可以从源头进货的。一般来说，厂家要求的起批量非常大。以外贸服装为例，厂家要求的起批量至少要为近百件或上千件，达不到这个要求是很难达成合作的。

通过下面几种办法，卖家可以辨别厂家的实力，在下单之前就摸清厂家的"底细"。

（1）电话验证。通过114或电话黄页进行查询，核对厂家的电话号码是否属实。一般正规厂家都很重视业务电话，都希望客户一查就能得知自己的电话号码，所以，往往都会把自己的电话号码在114或电话黄页上登记。除了查核电话号码外，卖家还可以在不同时段给厂家打电话来验证其是否正规。

（2）证件查询。卖家可以要求厂家提供工商营业执照和税务登记证等复印件。如果对方以担心被非法利用为由而拒绝，那么，卖家可以打电话到相关部门去查询。因为正规的工厂都必须正式登记在册，而从税务登记证上就可以查询到厂家是一般纳税人还是小规模纳税人，或者甚至根本未进行税务登记。

（3）价格辨别。卖家可以通过分析厂家的定价模式来辨别其是否正规。正规的厂家都有稳定的价格体系，而且通常是不会允许新买家随意讨价还价的。由于厂家内部的规章制度比较健全，所以，除了决策层外，任何员工都无权私下更改定价模式。卖家可以多次地让厂家对同一商品进行报价，也可以不断地让厂家对各种商品进行报价，以此来分析厂家的定价模式，看厂家的价格体系是否稳定与完善。

（4）规模辨别。辨别厂家实力的要点在于区别其生产经营规模的大小。评定世界500强企业时，年销售额就是重要的指标之一。生产规模大、经营时间长、综合实力强的正规厂家，往往商品的品种较多、款式较全、生产经验较丰富。

## 2.2.3 品牌积压库存商品

品牌商品在拼多多是备受关注的分类之一。很多买家都通过搜索的方式直接在拼多多上寻找自己心仪的品牌商品。有些品牌商品的库存积压很多，一些卖家干脆把库存全部卖给专职网络销售的卖家。不少商品虽然在某一地域属于积压品，但因网络销售具有覆盖面广的特性，完全可使其在其他地域成为畅销品。如果你经常能找到积压的品牌服饰等货品，并获得品牌授权拿到拼多多来销售，那么大概率会获得丰厚的利润。这是因为品牌积压库存商品有其自身的优点。

**1. 品牌积压库存商品的优点**

（1）商品价格低。由于品牌卖家处理库存商品时几乎都是被动的，价格方面自然比较好谈。但这也取决于卖家个人的谈判能力，谈判能力强的卖家自然可以省下不少钱。另外，有的卖家能调动气氛，说话容易让对方接受，议价方面自然技高一筹。

（2）商品品种多。无论企业属于哪一行业，如果要生存下去，就必须以市场为导向，生产市场需要的商品。目前，市场的需求正朝着多元化方向发展，因此，企业要不断地研发新商品，以适应市场的需求。这样日积月累，企业的积压库存商品品种必然越积越多。

**2. 寻找积压库存的品牌商品的注意事项**

卖家在寻找积压库存品牌商品的过程中要注意以下问题，否则当收购他人的积压库存后，若销量不佳，这些商品将会立即变为卖家自己的积压库存，让库存压力从品牌卖家那里转移到自己的身上，有可能导致自己从此一蹶不振。

（1）消费者的品位。先从各个渠道详细了解当前大众消费者的品位，看他们是重实用还是重感观、重内涵还是重外形、重本土品牌还是重国外品牌。

（2）销售及市场动态。广泛关注市场动态，并进行分析。

（3）预测市场需求能力。预测市场需求能力及市场需求量。

（4）重视消费需求的不确定性。消费者的消费需求变化很大，不确定性很强；流行风格的存活期也越来越短，并具备越来越强的区域性。

大部分网店从事的主要业务是零售，而不是批发，所以商品的数量要尽量少，以降低压货的风险；商品的品种要尽量多，让消费者有更多选择。

## 2.2.4 清仓商品

在很多情况下，卖家会因换季等原因清仓处理商品，因为这时他们已经收回成本，剩下的商品能卖多少就卖多少。由于卖家急于处理这类商品，其价格通常很低。如果卖家以一个极低的价格买进，再转到拼多多去销售，利用地域或时间差可以获得丰厚的利润。所以，卖家要经常去市场上转转，密切关注市场变化，但在进货时也要小心，像日用品、高科技产品及有效期短的商品，最好不要大量进货。

**1. 换季清仓品**

每到换季时间，你会发现大大小小的商场"各显身手"，名目繁多的优惠活动层出不穷，直接冲击着过往行人的眼球。这时也是有心开网店的人进货的好时机，但一定要注意以下事项。

（1）有些特殊的商品要注意有效期或保质期。

（2）要注意查看商品是否为瑕疵品。

（3）要注意查看商品是否合时宜。

（4）注意换季商品的价格。一些卖家在标牌上标示的原价格和现折扣价格只是"数字游戏"，目的是让你以为卖家确实是亏本大甩卖。但其实，标示的原价格可能并非真正的原价格，折扣价格也并非价格的底线，价格还是有商量余地的。

## 2. 节后清仓品

在春节、情人节、劳动节、端午节、儿童节、中秋节、教师节、国庆节等节日，大家都会尽情地购物，一股节假日的消费热潮由此形成。

卖家当然不会放过这些节假日背后蕴藏的巨大商机。于是，卖家会在节前购进大量应景的商品，以期在节假日赚个盆满钵盈。节后清盘，利润相当可观，但他们手头上还有部分未及时售出的商品，于是就出现了节后清仓的活动。

传统店铺的节后清仓确实是网店的重要进货时机之一，可是，如何把握其中的分寸，才能不至于因"乱花渐欲迷人眼"而进错商品呢？这就需要卖家在进货时注意商品的"生命力"。

凡节日商品，必然是有其生命周期的，有的商品在节日过后就很少有人购买了，如端午节的粽子、中秋节的月饼等。

## 3. 拆迁清仓品

拆迁清仓品也是网店很好的货源之一，但卖家进货时一定要小心里面是否有陷阱。一般来说，应注意以下几个方面。

（1）先弄清楚卖家所谓的拆迁消息是否可靠。如果那只是卖家的促销手段，那肯定有问题，最好不要进货；否则，如果卖家买进的商品价格过高，在网上销售时就没有竞争优势了。

（2）谨慎挑货。由于卖家急需清货，时间紧迫，价格必然很低，这样才能吸引消费者在短时间内就决定购买，这时进货的卖家就一定要打起精神细心挑选了。

### 4. 转让清仓品

实体店铺转让时所抛售的都是之前正常经营时剩余的商品，所以品质比较可靠，价格又低，完全可以放到拼多多店铺中出售。但一般实体店的商品数量和品种都比较多，如果将整个店铺的商品包揽下来，需要较多的资金，对于小本经营的网店来说风险实在太大。卖家可以选择某些合适的品种与实体店的店家洽谈买断事宜，实体店的店家一向非常注重大批量的购买行为，所以卖家可以将价格压得很低。

有些卖家利用"转让"大做文章，这种事情的真相会直接反映在商品的品质上。因为卖家既然是假转让，那商品在价格方面一定要有很大的吸引力才行，而在低价的基础上，想保持利润，只有牺牲商品品质了。于是，各种假冒伪劣商品充斥其间。假转让最直接的表现就是，"转让清仓"的横幅长年累月地挂在店里；或者"转让清仓最后 3 天"的横幅一挂就是几个月。卖家要想找到好的货源，就不要考虑这种店铺。

## 2.2.5   网络代销

网络代销指的是卖家在网上给买家展示厂家提供的图片、商品介绍等资料，然后向买家收取订金，再给厂家支付一定的资金，让厂家发货，卖家赚取其中的差额。卖家选择代销一般有两个原因：一是卖家自身缺乏做生意的启动资金；二是卖家只是尝试做生意，并不准备长期投资。

网络代销具有以下几个主要特点。

（1）网络代销不需要大量的资金投入，很适合新卖家和小卖家。

（2）网络代销也不用卖家准备仓库，不用卖家负责物流，厂家会在收到订金和资料后直接给买家发货，所以也省了邮寄的成本。

（3）网络代销省去了卖家给商品拍照、描写商品介绍的工作，通常从厂家那里拿到的商品图片都比较好，也更容易吸引买家。

（4）但网络代销不能直接接触商品，卖家无法很好地把握商品的质量、库存和售后服务，所以卖家在挑选的时候要找正规的厂家，根据自身的要求选择最合适的。

要注意的是，网络代销虽然有一定的优越性，但是因为卖家具有"联系厂家和买家，但是看不见商品"这个特点，所以代销有时候会成为"一朵带刺的玫瑰"；而且网络代销因为牵扯第三方交易，所以它的利润相对偏低，准备尝试网络代销的卖家要做好一定的心理准备。

## 2.2.6 二手闲置市场与跳蚤市场

虽然二手物品具有不合时宜、无法保证品质、不可退换等缺点，但它还是具有许多适合在网上销售的特点。

（1）卖二手闲置物品不用担心压货。

（2）有利于改掉人们浪费的习惯。

（3）物尽所能，为他人行方便。

（4）货源广，成本低。

二手物品不会一直增加，卖掉一件就少一件。那么，卖光这些二手物品后怎样让现有的经营特色继续保持下去呢？其实有一个地方能收集到便宜的二手物品，那就是跳蚤市场。

"跳蚤市场"是旧货地摊市场的别称，它由一个个摊位组成，市场规模大小不等，所售商品多是旧货，如人们多余的物品及未曾穿过但已过时的衣物等，小到衣服上的小件饰物，大到完整的旧汽车、录像机、电视机、洗衣机，一应俱全，应有尽有，价格低廉——仅为新货价格的 10% ~ 30%。

## 2.2.7 B2B 电子商务批发网站

全国最大的批发市场主要集中在几个城市里，而且有很多卖家也没有条件千里迢迢地去这几个批发市场，所以，网上贸易批发的平台，充分显示了其优越性，为很多没有进货渠道的卖家提供了很大的选择空间。它们不仅查找信息方便，而且专门为小卖家提供相应的服务，特别是起批量很小的卖家。

网上批发是近几年兴起的，目前发展还不成熟，但网络进货相比传统渠道进货，其优势很明显。

（1）成本优势。可以省去来回跑批发市场的时间成本、交通成本、住宿费、物流费用等。

（2）选购的紧迫性减少。亲自去批发市场选购由于时间所限，不可能长时间慢慢挑选，另外，有些商品也许卖家并未相中但迫于进货压力不得不赶快选购。网上进货的话卖家则可以慢慢挑选。

（3）批发数量限制优势。网上批发基本上都是 10 件起批，有的甚至是 1 件起批，这样在一定程度上增大了选择空间。

（4）其他优势。网上批发能降低库存压力，具有批发价格透明、款式更新快等优点。

## 2.3 农产品电商

农产品电商是指采用各种网络信息技术所进行的农产品交易、物流配送、支付等活动。

### 2.3.1 我国农产品电商发展概况

农产品电商的环境逐渐完善，如 2019 年网民规模达到 8.54 亿人（其中农村网民规模达到 2.2 亿人），网上购物用户规模达到 6.39 亿人，网上支付用户规模达到 6.33 亿人，外卖用户规模达到 4.21 亿人，网络视频用户规模达到 7.33 亿人。

乡村社会消费品零售总额增幅连续 8 年高于城镇，2019 年乡村社会消费品零售总额超过 6 万亿元，达到 6.03 万亿元。

### 2.3.2 农产品电商交易情况

随着电商越来越成熟，农产品电商的交易额越来越大。2019 年农产品的网络零售额出现"井喷"，据统计，阿里巴巴的农产品交易额达到 2 000 亿元、拼多多为 1 364 亿元、京东为 1 000 亿元、苏宁易购为 500 亿元、中国邮政为 30 亿元……2019 年中国农产品电商交易额超过 5 000 亿元。

2019 年 11 月 11 日 0 点 16 分，拼多多中来自贫困地区的农产品的销售增长超过 220%，这些产品主要由一二线城市消费者购入。拼多多作为新兴的社群电商是农产品销售的重要渠道，并有效地将线上与线下销售连为一体。

农产品销售的具体类目中，零食、坚果、特产为最大的类目，枣类为销量最大的单品，乌龙茶、普洱等也排在前列，其次为桑椹、鱿鱼、柠檬、榴莲等。

图 2-2 所示为某农产品的网店宣传图。

图 2-2

从消费者到流通者，再到生产者，互联网渐次向上游赋能，互联网、物联网、大数据等开始指导农民生产，涉及育种、栽培、施肥、灌溉、收割等多个环节，倒逼"精细农业"形成。越来越多的种植户通过网络将农产品卖到全国各地。

## 2.4 进货技巧

### 2.4.1 进货成功需要掌握的要领

对于卖家来说，进货是一门大学问。进货时，掌握一定的要领有助于进货的成功。一般来说，进货成功需要掌握的要领有以下几个方面。

**1. 遵从买家的需求**

买家的需求可作为进货决策的向导。进货时可以遵循以下要领：设置工作手册，设立买家意见簿，有意识地记录买家对商品的反馈，然后整理这些意见；建立缺货登记簿，对买家需要但缺货的商品进行登记，并以此作为进货的依据；应坚持对买家意见簿进行长期检查，用心聆听买家的建设性意见。

这样可以准确预测市场，了解买家对商品的质量、品种、价格等方面的需求，从而采购到适销的商品，避免积压库存而造成不必要的损失，使经济效益得到提高。

### 2. 把握进货时机

对于货源不足、供不应求的商品，应根据市场需求来开辟货源，随时掌握进货情况，随供随进；对按季节生产和销售的日常用品，应该本着"季初多进，季中少进，季末补进"的方针进货；新商品要先试销，打开销路后，再考虑加大进货量。

### 3. 比较供货商

为了进到价格合理、品质优良的商品，可以让多家供货商提供价目表，以作参考比较，然后从中挑选适合自己店铺经营的商品。

### 4. 先进货后付款

进货后再付款可以赚取更多的利息，对中／小型店铺还能起到规避风险的作用。

卖家掌握以上各条进货要领后，就会进到称心如意的商品，从而进一步使商品符合买家的意愿和满足市场的需要。

## 2.4.2 怎样进货才能有大利润

开店做生意，进货是很重要的一环。进货也是一门学问，如进货的数量、质量、品种如何确定，什么时候补货及如何确定补货的数量，网店的经营者都应该了解。进货时需要掌握如下要领。

### 1. 对店铺的经营了如指掌

卖家要想将进货工作切实抓好，就要洞悉店铺的经营情况，只有这样才能采购到买家喜欢的商品。卖家应尽量在短时间内积累大量的店铺经营经验，从而提高对所购商品的判断能力。

### 2. 货比三家

为了使进货价格最合理，卖家可以向多家供货商咨询，并从中挑选出各方面都适合自己店铺销售的商品。

### 3. 勤进快销

勤进快销是加快资金周转、避免商品积压的先决条件，也是促进网店经营发展的必要措施。店铺经营需投入较少的资金，销售种类齐全的商品，从而加速商品周转，将生意做"活"。当然，也不是进货越勤越好，需要考虑网店的条件及商品的特点、货源状态、进货方式等多种因素。

### 4. 积累丰富的商品知识

一些卖家在进货时通常会一味杀价，而对于其他交易条件从不考虑，这样一来就十分容易陷入供货商的圈套。倘若供货商知道卖家在进货时有这种习惯，一定会有所准备地提高价格，来等待卖家砍价。因此卖家在进货时应该洞悉市场动向，拥有丰富的商品知识，这样才不至于被供货商给出的价格欺骗。

### 5. 按不同商品的供求规律进货

对于供求平衡、货源正常的商品，要少销少进、多销多进。对于货源时断时续、供不应求的商品，要根据市场需求开辟货源，随时了解供货情况，随时进货。对于采取了促销措施后销量仍然不大的商品，应当少进，甚至不进。

### 6. 注意季节性

新手卖家往往并不知道服装的进货时间一般会比市场提前 2～3 个月。在炎炎夏季时，批发市场的供货商们已经在忙着准备秋装了。如果卖家不明白这个道理，还在大量进夏季尾货，还在为进了供货商换季处理的便宜货得意时，那么乐的可是供货商，而卖家进的货可能会因转季打折而卖不了好价钱，也可能因需求少而导致销量不理想。所以看准季节或时机慎重进货也是一个很重要的方面。

### 7. 进货数量

进货数量包括多个方面，如进货金额、商品种类/数量等。确定进货金额时有个比较简单的方法，即用总的店铺单月经营成本除以利润率，得出的数据就是每月的进货金额。卖家第一次进货时商品种类应该尽可能多一些，因为需要给买家多种选择的机会。当对买家有了一定了解后，卖家就可以锁定一定种类的商品来进了。因为资金是有限的，只有把资金集中投入到有限的种类中，才可能使单个商品进货量足够大，从而要求供货商给予更低的批发价格。

## 2.4.3 怎样通过网络寻找可靠的供货商

近年来，为了节省时间，不少卖家不再去批发市场进货，而是通过网络进货。在电子商务高度发展的网络世界里，充满了形形色色的网上供货商。网络给我们带来了很多有价值的信息，但也存在很多骗子，卖家应该怎样通过网络寻找好的供货商呢？

下面介绍通过网络寻找可靠的供货商的技巧，这也是应对网络诈骗的好方法。

## 1. 做好对供货商的网上审查

首先要对供货商的基本信息进行审查，以避免掉入陷阱，要考虑的方面包括两点。一、是否有独立的网站？有一定经营能力的供应商一般都有独立的网站。二、网站是否备案？从事短期活动的不良供货商一般是不会做备案的。

## 2. 查询地址

网上供货商应该有一个固定地址，即便是骗子也会编一个地址出来。利用搜索引擎查询一下这个地址，从中可以找到很多信息。骗子的地址漏洞主要表现在实际地址与所提供的地址不符。另外，卖家可能还会搜索到一些受骗者曝光骗子公司的信息。

## 3. 查黄页

注意供货商的实体公司名称。各地一般都有很多的网络黄页，可以从中找到供应商的公司名称。卖家可以通过网络黄页查看是否有该公司，如果有，则要看是如何介绍的，其生产经营范围是否和进货的商品类型相符。

## 4. 看执照

还可以查与实体公司名称相关的营业执照，看这个公司是不是确实注册存在。营业执照可以去各地的工商部门官方网站查询，但不是所有地区的工商部门官方网站都提供查询服务，卖家也可以给当地的工商部门打电话查询。

## 5. 查电话

首先，直接拨打 114，去查一下供货商所提供的电话号码的归属地。如果归属地与公司所在地不符，最好不要与之交易。其次，可以去网上搜索这个电话号码，也可以查出很多信息，如这个电话对应的公司名称、公司地址等。

## 6. 注意供货商提供的汇款途径

如果从网络进货，就一定会存在汇款这项流程。一般来说，实体公司进行网络批发的时候，正规的做法是，提供公司账号以供汇款而不是个人账号。另外，多和供货商沟通，有的供货商也是同意通过支付宝汇款的。还有一种办法，就是通过快递公司的货到付款服务进行汇款。

#### 7．多与供货商联系

多和供货商联系，了解他们的更多信息，看看有没有疑点。与供货商联系是很重要的，因为从和供货商的交谈中，卖家可以了解很多问题，例如进货渠道，是否有实体商店，是否可以在当地当面看货。

## 2.4.4　网店代销的几点建议

在网络销售中，如果卖家想代销，一定要遵循以下几点建议。

（1）不要轻易相信任何的QQ、千牛发来的"代销"或"代理"消息，哪怕是白送你代销资格，因为其中多数暗藏陷阱。

（2）当卖家面对一个自称拥有多种商品的代销网站时，最好不要相信。不要被网站的漂亮页面所迷惑，现在要建立一个像样的网站是件很容易的事情。即使这个网站是真实的，是注册过的，但这个网站也只不过是个中介，卖家是没有机会见到实物的。

（3）如果是代发货，不支持网上支付，不按正规的支付宝或财付通流程交易的，千万不要相信。

（4）贵重物品，如电子产品、电器产品、名牌服饰、化妆品等不建议以异地代发货的方式进行代销。

（5）不要接受来路不明的虚拟商品类的代销，例如Q币充值、QQ秀、QQ会员服务等。

（6）代销前要知道商品详细的质地、颜色、性能等重要信息。

（7）如果所代销商品不提供相应的售后服务，不建议代销。

（8）不熟悉的商品，如果没有详细了解，不要轻易代销，以免发生纠纷时处于不利地位。

（9）过于低价的名牌商品不要代销，哪怕不是陷阱，多数也是假货或者次品。这类商品多为名牌服饰、化妆品、电子产品、电器产品等。

（10）易损坏、不易托运的商品建议不要代销。

# 第**3**章　在拼多多开店和管理店铺

随着电商的发展，越来越多的人都选择了电商创业。有的人在淘宝开了店铺后，看到拼多多最近发展势头特别猛，也想在拼多多开一家店铺。入驻拼多多平台的第一步就是开店发布商品，这也是最基础的工作，接着就可以进行后台的管理了。

# 3.1 开设店铺

和实体店铺一样，拼多多店铺也要有一定的店面。不同的是，实体店铺的店面要付租金，而拼多多的普通网店店面是免费的。下面就介绍入驻拼多多的基本流程、发布新品和设置商品属性等的操作方法（由于官方版本时常更新，实际界面也许与本书有所不同）。

## 3.1.1 入驻拼多多的基本流程

首先，拼多多店铺分为企业店铺与个人店铺。下面以 PC 端为例，介绍拼多多的开店入驻基本流程。

登录拼多多官网→单击【商家入驻】选项→选择入驻类型→填写资质信息→填写店铺信息→等待平台审核即可。如果第一次审核未通过，就根据提示信息再次办理入驻申请，一般情况下，只要符合要求就会一次通过。

（1）打开拼多多官方网站，单击导航栏中的【商家入驻】选项卡，如图 3-1 所示。

图 3-1

（2）进入拼多多招商平台页面，在页面导航栏中单击【入驻流程】选项，可以看到入驻流程的相关提示，如图 3-2 所示。

（3）单击【立即入驻】按钮，根据实际情况选择【境内商家入驻】或【境外卖家入驻】，这里选择【境内商家入驻】，输入手机号码和短信验证码后单击【0元入驻】按钮，如图 3-3 所示。

图 3-2

图 3-3

（4）进入选择店铺类型页面，包括个人店和企业店，其中又分为不同的子类型店铺，这里以个人店为例，选择【个人身份开店】，然后单击【下一步】按钮，如图 3-4 所示。

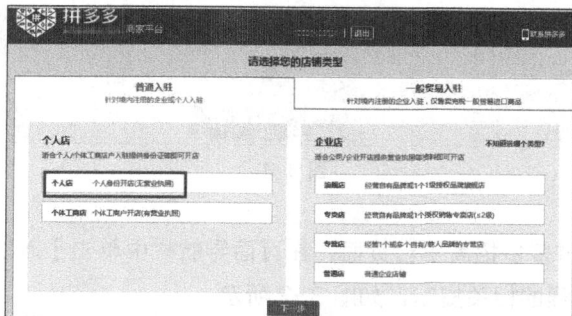

图 3-4

（5）进入创建店铺页面，首先设置店铺信息，包括店铺名称、设置密码、确认密码、主营类目，如图 3-5 所示。接着设置开店人基本信息，需要上传身份证件像，如图 3-6 所示。

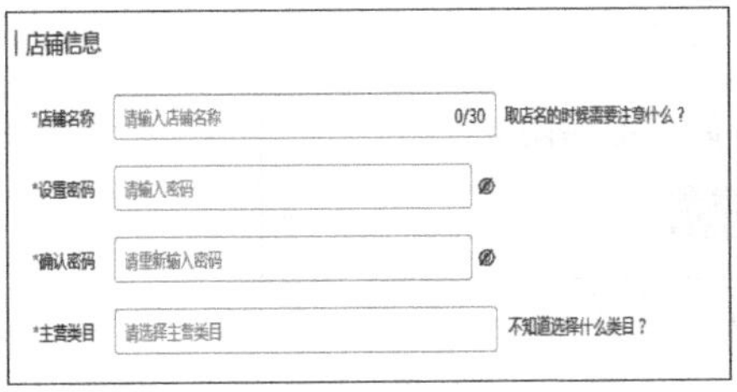

图 3-5

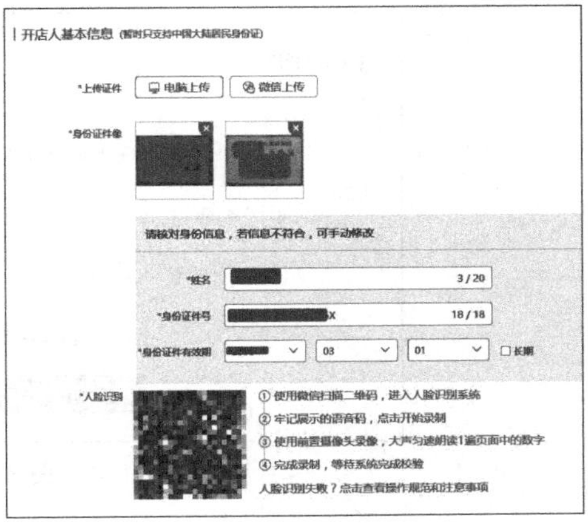

图 3-6

（6）上传完身份证照片后，还要使用微信扫描【人脸识别】右侧的二维码，进入人脸识别系统，根据提示完成人脸识别操作。扫描二维码后会出现视频录制规范，单击【我知道了，开始识别】按钮，如图 3-7 所示。

（7）视频录制完成后，系统会提示用户【您已完成人脸识别】，如图 3-8 所示。

图 3-7

图 3-8

（8）接着填写【选填信息】，如图3-9所示。填好后单击【提交】按钮。

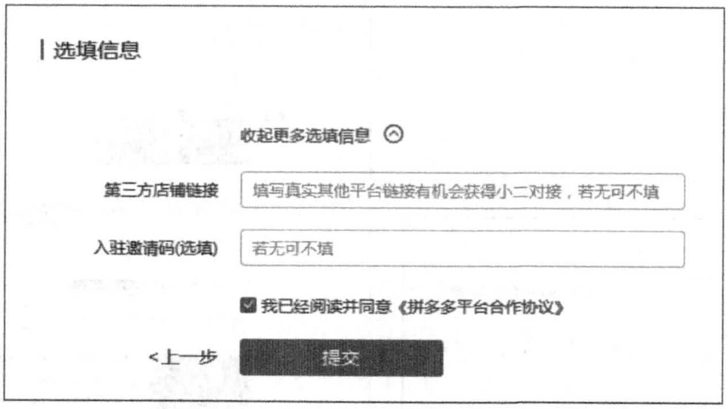

图 3-9

（9）弹出提示信息【您已实名认证成功】，如图3-10所示，单击【确定】按钮。

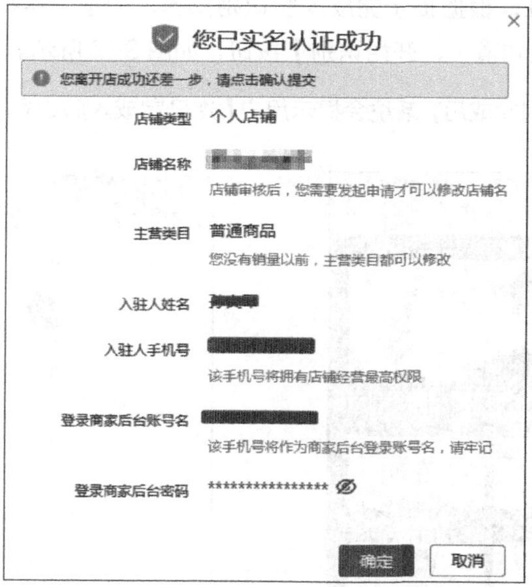

图 3-10

（10）系统提示资料审核通过，如图3-11所示。这时系统将自动创建一个店铺，并以短信的形式通知卖家，卖家可以登录招商平台查看店铺的账号和初始密码，也可以单击【一键登录】按钮，直接跳转到拼多多管理后台登录。

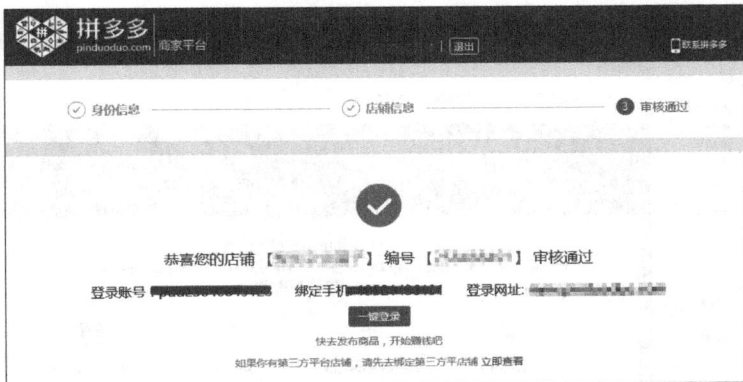

图 3-11

## 3.1.2 发布新品

卖家入驻拼多多平台，发布商品后，就表示开店成功了！卖家可以在 PC 端的拼多多卖家后台直接发布商品，也可以使用拼多多 App 发布商品。这里以在 PC 端的拼多多卖家后台发布商品为例，具体操作步骤如下。

（1）首先进入卖家后台登录页面，如图 3-12 所示，输入手机号码和密码，单击【登录】按钮。

图 3-12

（2）打开卖家后台，在左侧导航栏中的【商品管理】下方单击【发布新商品】选项，如图 3-13 所示。

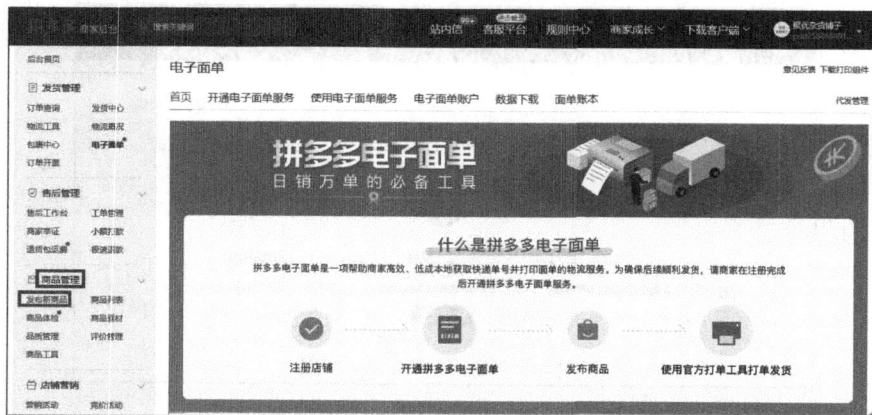

图 3-13

（3）进入【发布新商品】页面，卖家可以在搜索框中输入关键词快速搜索商品分类，也可以在下方手动设置商品分类。设置完成后，单击【确认发布该类商品】按钮，如图 3-14 所示。

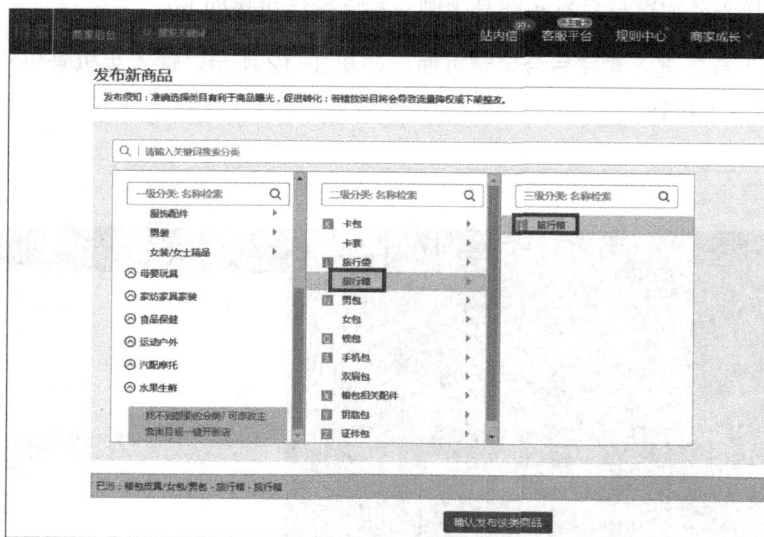

图 3-14

（4）在【发布新商品】页面中，首先设置商品基本信息，包括商品分类、商品标题、商品属性、商品轮播图、商品详情装修、商品活动素材图，如图 3-15 所示。

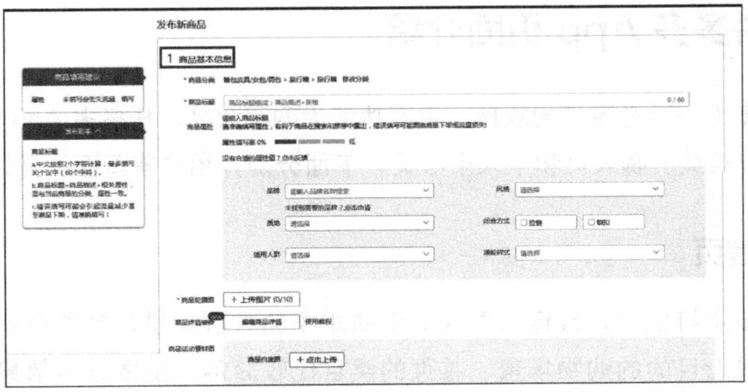

图 3-15

（5）接着填写【商品规格与库存】，包括商品规格、价格及库存、商品市场价，如图 3-16 所示。

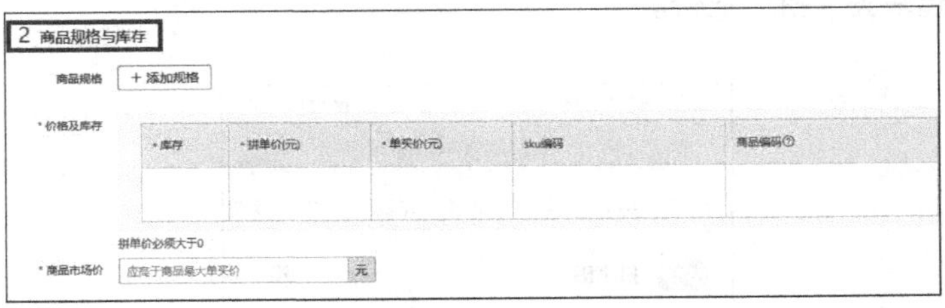

图 3-16

（6）接着填写【服务与承诺】，包括运费模板和承诺，填写完成后单击【提交并上架】按钮，如图 3-17 所示。

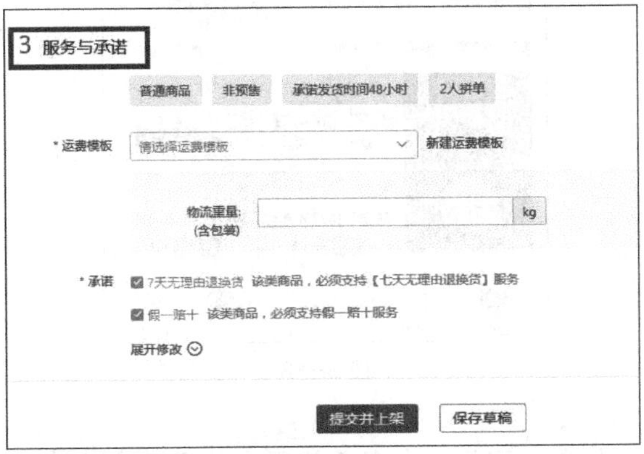

图 3-17

## 3.2 拼多多 App 页面介绍

拼多多为一款电商类的软件，主要功能为购买商品。拼多多 App 包括首页、
关注页、分类页、聊天页和个人中心页，下面分别介绍这些页面的具体功能。

### 3.2.1 首页

拼多多主打低价，目标人群为低消费水平的人群。拼多多首页主要适用于
目的模糊或无目的的购物场景，首页的类目比较简洁，主要分类都集中在顶部
区域，而且会根据用户的个人标签来设定，分类导航只能显示 7 个品类，要看
其他品类得往后翻。中间的导航区中有限时秒杀、断码清仓、免费领水果、9 块
9 特卖、充值中心、医药馆、现金签到、多多赚大钱、砍价免费拿等功能或服务，
如图 3-18 所示，而这些功能或服务都是为了让用户买到更加便宜的商品以及让
用户联合起来去"拼"低价。

图 3-18

拼多多没有购物车，因为拼多多希望用户能尽快完成购买或分享，避免购

物车打断他们的购物流程。进入商品页，买家会发现有两个价格，即单独购买价格和发起拼单价格。同时，将页面往下滑，会看到当前商品的拼团买家，单击【查看全部】将看到所有正在拼单的买家的信息，如图 3-19 所示。

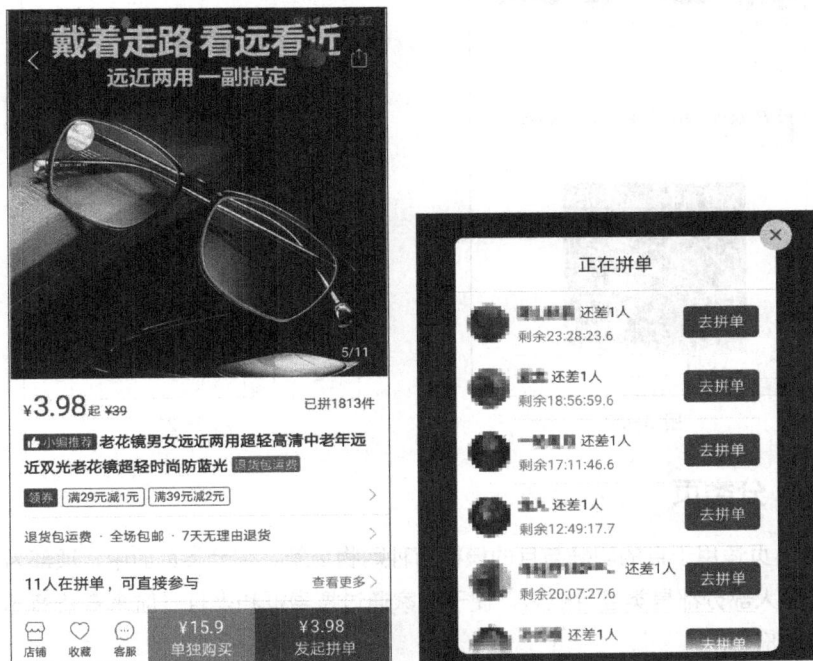

图 3-19

若单击【发起拼单】，支付成功后会弹出分享给好友拼团的链接，新买家由于不了解拼团流程，大多会选择分享链接给好友，但其实拼单的门槛很低，与陌生人拼团也可拼单成功。相较于单独购买，发起拼单能得到较多的价格优惠。拼多多鼓励买家选择拼单模式购买商品，以增加商品销量并吸引更多买家到拼多多平台上购买商品。

## 3.2.2 关注页

关注页的功能比较简单，主要显示买家关注的店铺或动态，如图 3-20 所示。如果买家暂时没有关注的店铺，系统就会显示推荐店铺，如图 3-21 所示。拼多多是基于买家的兴趣爱好进行推荐的。

图 3-20

图 3-21

## 3.2.3 分类页

分类页适用于目的明确与目的模糊两种购物场景。在分类页面中，顶部为搜索框，下面大部分都是类目导航区，便于买家通过搜索框和类目导航来查找商品，如图 3-22 所示。

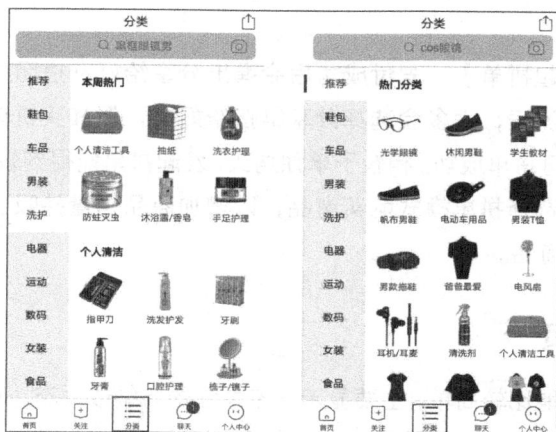

图 3-22

单击搜索框，可以看到最近搜索、搜索店铺等更多搜索方式，如图 3-23 所示。

买家可以直接搜索需要购买的商品，比如输入"家居衣柜"后即可搜索到相关的商品，系统会根据排名算法对商品进行排序，如图 3-24 所示。

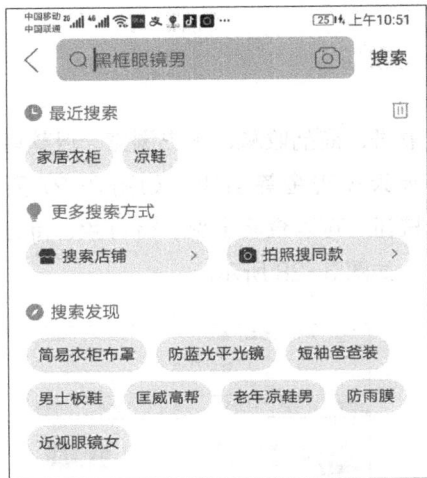

图 3-23

图 3-24

## 3.2.4 聊天页

聊天页用于咨询，该页面包括官方通知以及交流过的卖家列表，便于买家与卖家进行沟通，如图 3-25 所示。拼多多的官方通知有优惠活动通知，如图 3-26 所示。

图 3-25

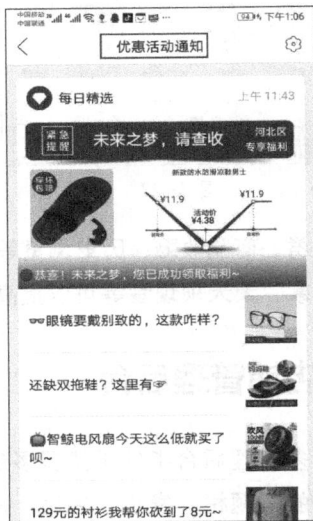

图 3-26

另外拼多多会通过微信公众号来给买家发送各种信息，如拼单成功通知、商品发货通知、通知到账通知、订单签收提醒、拼单发起提醒、派送通知、订单状态提醒以及推荐商品清单等。

### 3.2.5 个人中心页

个人中心页主要包括我的订单、优惠券、商品收藏、历史浏览、退款售后、我的评价、多多果园、砍价免费拿、天天领现金等功能，如图 3-27 所示。单击【我的订单】右侧的【查看全部】按钮，可以查看全部、待付款、待分享、待发货、待收货以及待评价的订单详情，如图 3-28 所示。

图 3-27

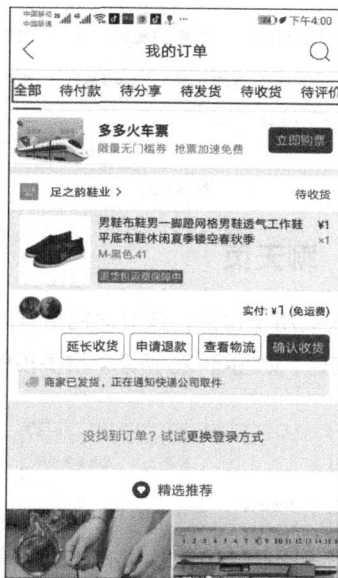

图 3-28

优惠券、商品收藏、历史浏览等功能，能引导买家再次进入店铺进行消费。砍价免费拿、天天领现金等可以提高买家参与和分享活动的积极性。

## 3.3 店铺管理后台

拼多多管理后台指的是拼多多的店铺管理中心。在管理后台，卖家可以实现对商品的标题栏、发货、售后、商品、店铺营销、账户资金、多多客服、推广中心等的管理，如图 3-29 所示。

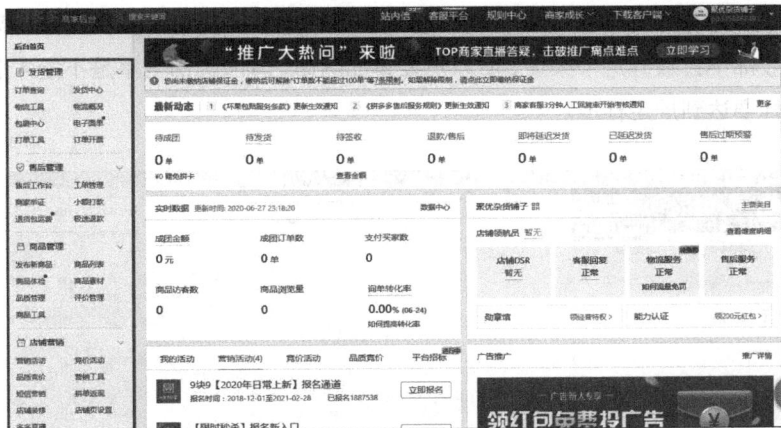

图 3-29

## 3.3.1　标题栏

　　标题栏中的第一个模块为【站内信】，主要用来接收平台的各种通知，包括重要通知、平台动态、返现通知、规则更新、营销推广、店铺动态、商家成长等，如图 3-30 所示。

图 3-30

　　站内信是平台与卖家之间一个非常重要的沟通渠道，其中有很多拼多多开店教程，熟悉这些内容对店铺运营有很大帮助。

　　标题栏中的第二个模块是【客服平台】，如图 3-31 所示。拼多多这一服务平台也有着专享的客服平台。卖家在日常运营时，客服的回复率需要达到规定的标准，不然很难参加活动，而平台活动是最直接的获取销量和流量的渠道，卖家一般都不会放弃这个渠道，所以想要参加活动，客服的回复率是不能太低的，这个指标要达到规定标准。

图 3-31

卖家想要更好地管理店铺的多个客服，就需要借助客服平台，这样也能让客服更好地回复买家，确保回复率达标。

在标题栏的【商家成长】中选择【商家社区】，可以进入【商家社区】页面，这是卖家（即商家）集中交流互动的平台，卖家可以在此了解平台的最新资讯，学习各种运营方法，与同行交流经验，如图 3-32 所示。

图 3-32

在【商家成长】中选择【多多大学】，可以进入【多多大学】页面，如图 3-33 所示。这里提供了新手开店、日常运营、营销推广、活动引流、客户服务以及行业运营的技巧。

图 3-33

## 3.3.2　发货管理模块

买家完成付款后，需要卖家尽快发货。经大量数据验证，拼多多上的绝大多数卖家都可以做到在 72 小时内发货，一方面是为了提升服务质量，另一方面是为了满足买家急切的购物心情，营造良好的购物环境。

发货管理模块主要用于处理日常的发货和退货等业务，主要内容包括订单查询、发货中心、物流工具、物流概况、包裹中心、电子面单、打单工具、订单开票等。图 3-34 所示为【发货中心】页面，卖家可以在此进行批量导入、单条导入、在线下单、打单发货、无物流批量导入、无物流单条导入等操作。

开通极速发货服务后，卖家承诺将在 24 小时内发货，在商品搜索页和详情页会展示极速发货标签，这样可以大大提升订单转化率，增加商品流量，物流满意度也可以得到提升。但是，需要注意的是，若成团后 24 小时内未发货，需赔付买家至少 3 元的平台优惠券。

打开【发货管理】模块，在【发货中心】中进入【极速发货】页面，如图 3-35 所示，单击【手动开通】按钮即可开通极速发货服务。

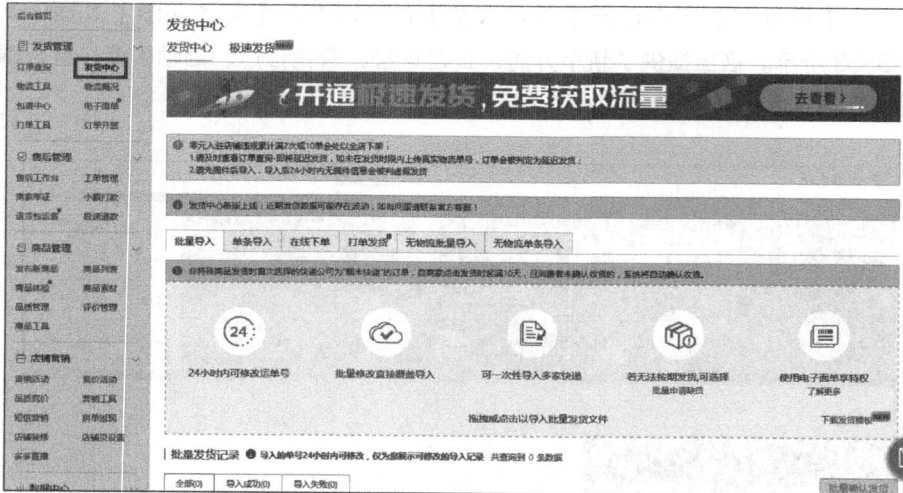

图 3-34

图 3-35

## 3.3.3 售后管理模块

拼多多的售后管理模块包括售后工作台、工单管理、商家举证、小额打款、退货包运费、极速退款等功能，如图 3-36 所示。【售后工作台】页面包括退款/售后、售后小助手、售后设置等功能。

图 3-36

例如，在平台的各种大促活动过后，很多卖家都会遇到一个售后退款高峰，此时卖家可以借助售后小助手功能，快速高效地自动处理售后退款问题，如图 3-37 所示。这样，卖家就不用在售后退款环节再去额外安排员工，也不用担心卖家服务评分受到影响。

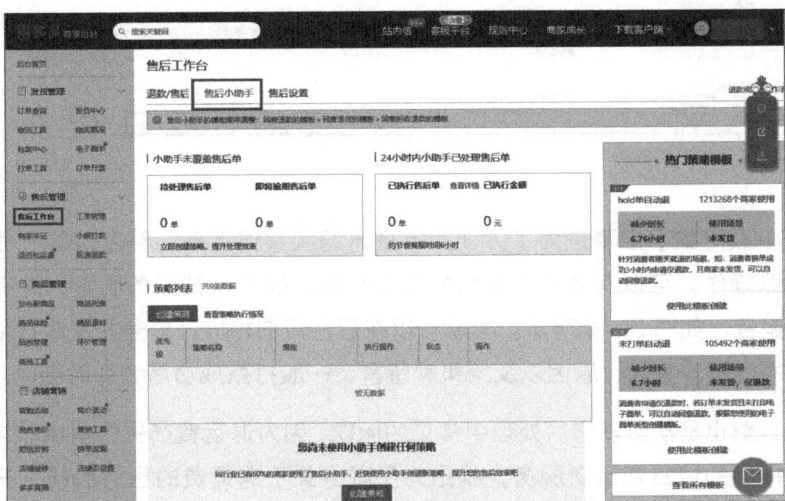

图 3-37

卖家可以进入【售后设置】页面，管理售后联系方式。卖家添加售后联系方式后，买家在订单页拨打联系电话即可快速联系卖家，如图 3-38 所示。

图 3-38

【工单管理】主要用于查询相应时间段内的工单状态，包括工单 ID、创建时间、工单状态、问题名称、问题描述、截止日期、订单号、备注以及操作等，如图 3-39 所示。

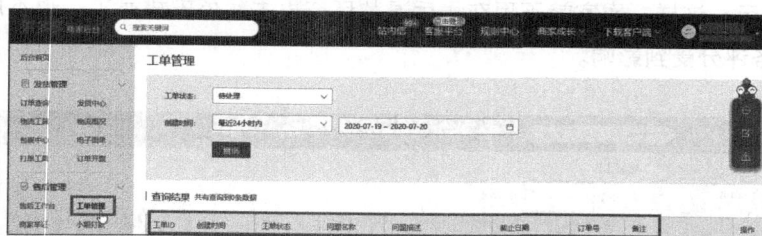

图 3-39

【小额打款】主要是为了方便卖家进行给买家退运费、补差价等一些小金额的转账操作，可以有效减少店铺的售后纠纷，提升店铺服务质量，并有效提升店铺销量，如图 3-40 所示。卖家可以在后台查询相应订单号并发起打款，填写打款的类型、金额、原因以及给买家留言，一般打款成功后会即时到账。

退运费也是拼多多售后处理中常见的问题，因为退运费产生的争执非常多，拼多多推出的退货包运费服务，就是为了减少关于退运费的售后纠纷，开通该服务后还可以增加店铺搜索权重，如图 3-41 所示。

开通退货包运费功能的店铺，在商品页面中带有【退货包运费】的标签，该标签同时还会显示在商品详情页、下单页、订单详情页和售后单等各个页面中，可以有效提高商品的转化率，并增加买家黏性，如图 3-42 所示。

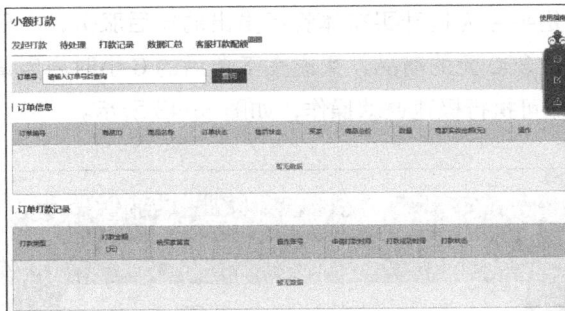

图 3-40

图 3-41

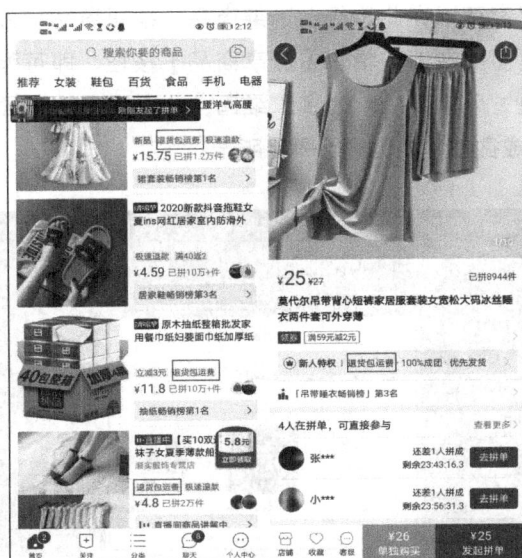

图 3-42

极速退款也是平台为提升买家体验而推出的售后服务，主要针对非虚拟类目、订单金额小于 300 元的商品，买家在下单后的 6 小时内申请退款，且卖家还未发货，此时即可执行极速退款操作，如图 3-43 所示。

图 3-43

### 3.3.4 商品管理模块

拼多多店铺管理平台提供了商品管理功能，在商品管理页面中，可以对商品信息进行修改，也可以对商品进行下架，还可以对商品进行推荐。

商品列表也是一个可以上架商品的入口，上架的商品通过审核后也会出现在商品列表中，卖家可以在此执行上下架商品、编辑商品和分享激活等操作。在【商品列表】页面的右下方单击【分享商品】按钮，即可弹出【分享商品】对话框，买家可通过分享链接、分享二维码、分享海报这 3 种方式将商品分享到微信群、QQ 群或微博等，如图 3-44 所示。

图 3-44

　　每家店铺每天可以使用一次商品体检功能，体检后，系统会详细展示店铺的问题和商品的情况，卖家可以根据体检结果和平台规则，在系统的引导下处理这些问题，增加店铺的流量，提升店铺的转化率和活动报名成功率，从而获得更多买家的好评，如图 3-45 所示。

图 3-45

　　在【商品素材】页面中，主要展示了满足各级标准的商品素材，包括白底图、长图和场景图等，单击各具体要求可以查看相关的示例图，如图 3-46 所示。卖家也可以在此查看被系统驳回的不符合标准的商品素材，并可以重新上传商品素材、提交审核。

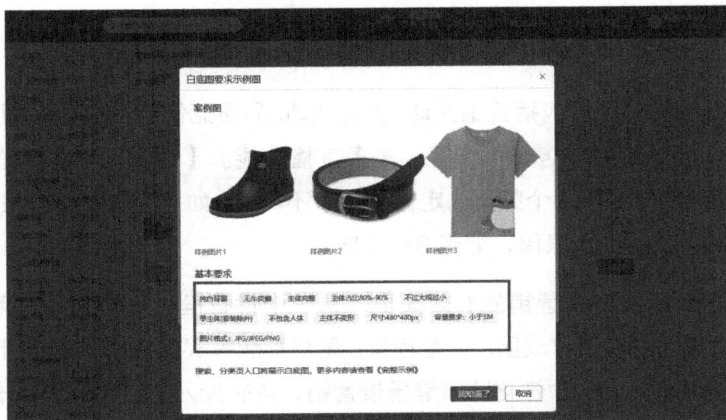

图 3-46

在【品质管理】页面中，主要呈现店铺近 30 天的商品整体的品质情况，即品质退款单数和品质退款率。品质退款主要是指买家因商品质量问题发起的退款。【品质管理】页面同时会向卖家提供一些避免违规的方法，如图 3-47 所示。因此卖家必须严格控制店铺商品的品质，如实描述商品，并且要及时下架或整改问题商品，避免因品质问题受到系统下架资源位、禁止上资源位以及降权限制等处罚。

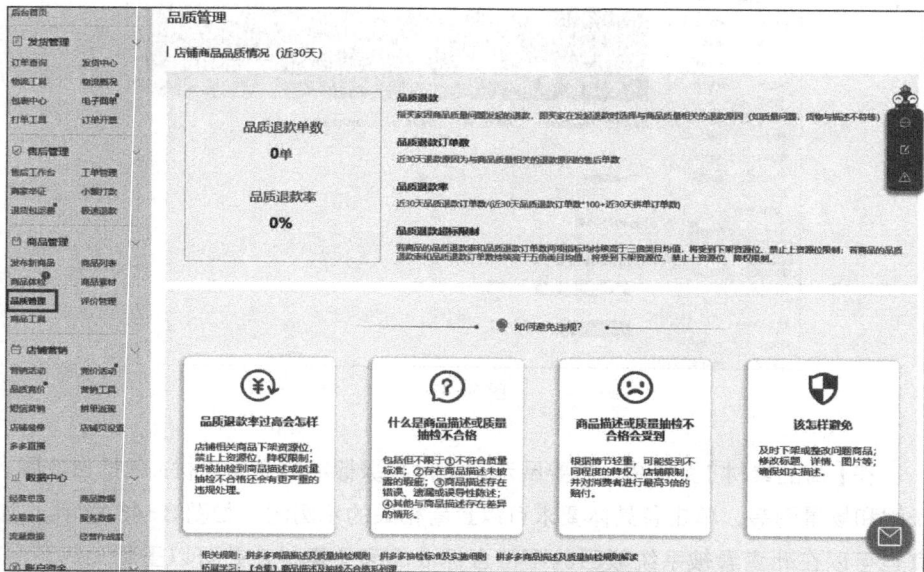

图 3-47

## 3.3.5　店铺营销模块

店铺营销模块主要包括营销活动、竞价活动、品质竞价、营销工具、短信营销、拼单返现、店铺装修、店铺页设置、多多直播功能。【营销活动】页面会显示常规频道活动资源位，每个频道的定位和要求不一样，如果卖家不符合报名要求，也可以在其中查看具体原因，如图 3-48 所示。

短信营销是拼多多营销的有效渠道，是一个付费推广营销工具，用以进行提醒买家付款、召唤买家成团、订金预售、尾款提醒等买家关怀，以及活动预热、热销引流、新客转化、个性化营销等场景营销，具有投入产出比高、精准营销、拉新引流、数据分析、优惠券直达等优势，如图 3-49 所示。

图 3-48

图 3-49

　　卖家可以自行编辑短信内容,针对不同的消费人群发送个性化的短信内容,从而让营销信息更加精准地触达目标客户,如图 3-50 所示。

图 3-50

【营销工具】页面主要包括拼单返现、优惠券、限时限量购、分期免息、多件优惠、交易二维码、催付助手、累计全网销量、分享店铺、短信营销、评价有礼、限时免单、先用后付等，卖家可以根据自身情况选择适合自己的营销工具，如图 3-51 所示。

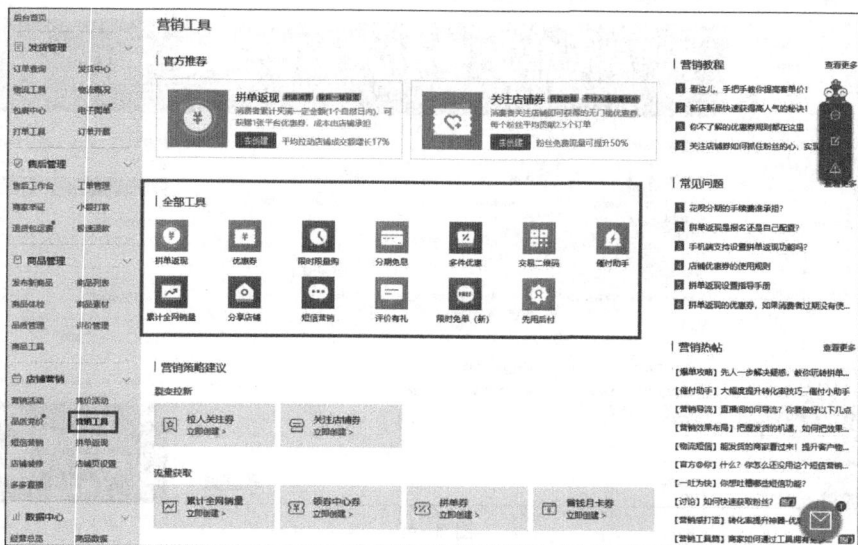

图 3-51

以拼单返现的单店满返为例，单店满返是指首先由卖家设置一个金额，买家在一个自然日内，在卖家的店铺累计消费达到这个金额，即可获赠一张平台优惠券，买家可以在全平台使用该优惠券，优惠券产生的优惠费用由卖家承担。拼单返现营销工具不仅能够为卖家带来更多流量和点击量，而且能引导用户转化，增加店铺销售额。卖家可以在【拼单返现】页面中单击【立即创建】按钮，即可使用单店满返营销工具，如图 3-52 所示。

图 3-52

之后进入【创建拼单返现】页面，设置相应的返现条件、返现金额、设券张数，系统会自动计算活动预算，单击【立即创建】按钮即可完成设置，如图 3-53 所示。创建拼单返现后，系统会通过标签的方式将其展示到首页、推荐页、搜索结果页、商品详情页中，以吸引买家，提升商品点击率，如图 3-54 所示。

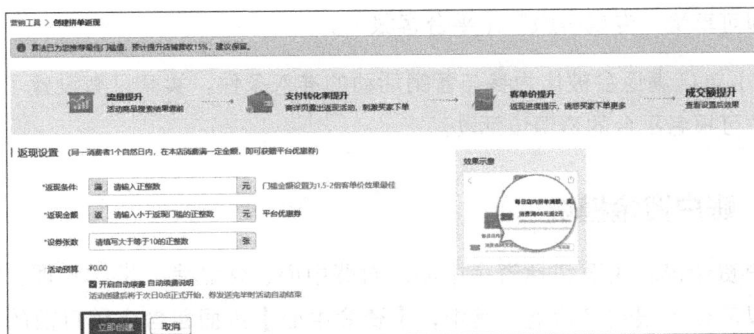

图 3-53

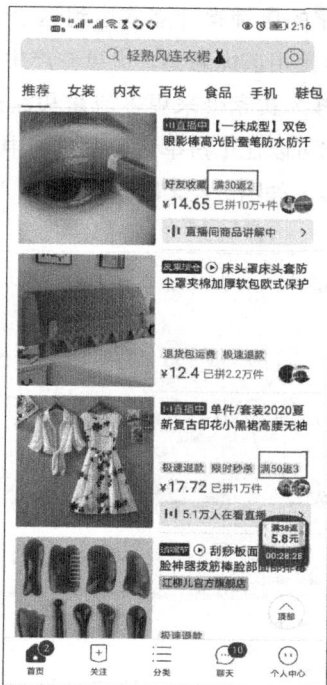

图 3-54

设置单店满返的卖家能获得什么呢？

（1）大数据表明，设置单店满返的卖家，平均销售额会大幅提升。

（2）会得到更多的曝光机会，获得更多的用户流量，流量数值随着单店满返预算金额的增多而增大。

（3）店铺一个自然月（从月初到月底）的销售额达 10 万元且设置了单店满返，即可享受"专属客服"（平台客服）。

（4）单店满返会被作为参与营销活动的准入条件，卖家只有设置了单店满返后，才可报名平台的资源位活动。

## 3.3.6  账户资金模块

账户资金模块主要包括资金中心、对账中心、保证金、发票管理、货款扣款明细以及资金限制等功能。其中，【资金中心】页面包含店铺目前的货款账户收支明细、营销账户收支明细、店铺保证金和提现记录，店铺所有的交易流水都会在这里展示，如图 3-55 所示。

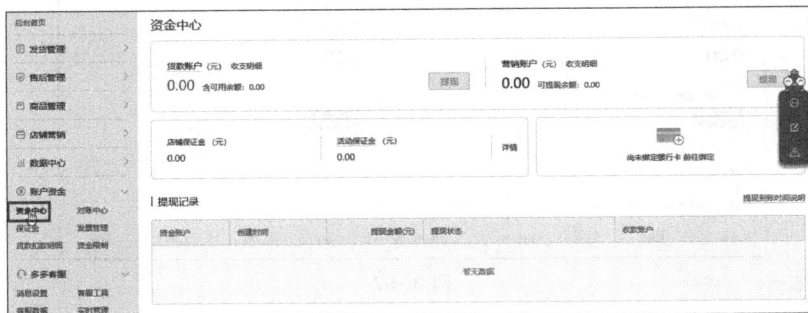

图 3-55

在【对账中心】页面中，卖家可以按日期导出店铺的收支记录，可以实时查询货款账户收支情况。目前最长可支持查询的时间跨度为 31 天，最多可支持查询 50 万条账户明细，如图 3-56 所示。

图 3-56

在【保证金】页面中，主要包括保证金充值、提现和交易记录查询功能，如图 3-57 所示。需要注意的是，店铺保证金是店铺进行各种活动的基础，如果卖家没有缴存保证金，会被限制大部分活动的提报。店铺保证金的额度是根据店铺类目、风险评估、经营状况等因素计算得到的。活动保证金主要用于保证卖家按照活动规则参加活动，卖家可根据自身经营情况的需要选择充值不同级别的活动保证金。

图 3-57

在【发票管理】页面中，平台将根据店铺在不同业务中产生的费用按次或按月生成账单，如果卖家没有费用消耗则不会产生账单，如图 3-58 所示。账单生成后，卖家可以前往【开票信息管理】页面填写相关信息，然后提交平台审核，若审核通过即可在【申请发票】列表中开具不同业务类型的发票。

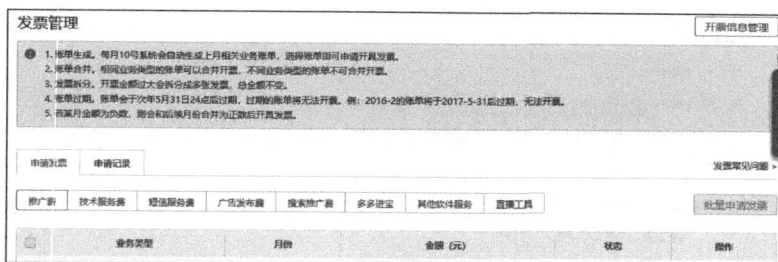

图 3-58

在【货款扣款明细】页面，主要包括延迟发货、缺货扣款、小额打款明细的查询功能，其中，延迟发货和缺货扣款是因为卖家没有履行发货规则而产生的扣款，小额打款明细是指卖家客服与买家在沟通中产生的小额交易记录明细。

## 3.3.7 多多客服模块

多多客服模块主要包括消息设置、客服工具、客服数据、实时管理、聊天记录查询、服务助手等功能。其中，【消息设置】页面包括开场白和常见问题、商品卡片自动回复、离线自动回复以及订单自动回复等功能，卖家可以在此设置回复买家的具体内容，如图 3-59 所示。

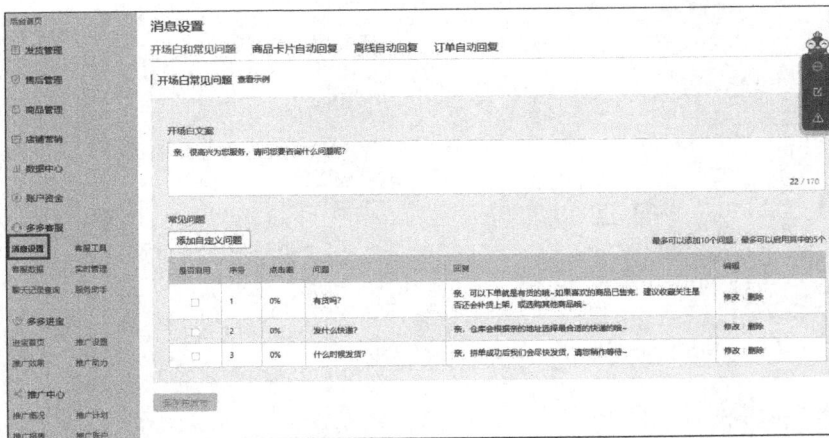

图 3-59

在【客服数据】页面中，卖家可以查看详细的店铺数据、客服绩效数据、催付数据和开场白数据，帮助卖家优化店铺客服功能，让买家有更好的服务体验，如图 3-60 所示。

图 3-60

# 第 **4** 章　商品图片处理

　　由于网络交易的特殊性，卖家需要展示更多具有视觉冲击力的图片。
一张好图胜过千言万语。卖家无论是在拼多多开店还是在其他的平台上开
店，都不能没有商品图片；一张好图片可以为店铺的商品带来人气，可以
让买家心情愉悦、乐意购买。本章介绍如何利用图片制作软件制作出合格
的商品图片。

# 4.1 简单的图片处理

网店精美的商品图片能使人产生愉悦感，提高商品成交率。下面通过讲解实例，手把手教你使用 Photoshop 处理图片。

## 4.1.1 调整拍歪的图片

（1）打开 Photoshop 软件，选择【文件】|【打开】命令，弹出【打开】对话框，在该对话框中选择【拍歪 .jpg】图像文件，如图 4-1 所示。

（2）单击【打开】按钮，即可打开图像文件，如图 4-2 所示。

图 4-1

图 4-2

（3）选择【图像】|【图像旋转】|【任意角度】命令，如图 4-3 所示。

（4）弹出【旋转画布】对话框，在该对话框中将【角度】设置为 40，选中【度（逆时针）】单选按钮，如图 4-4 所示。

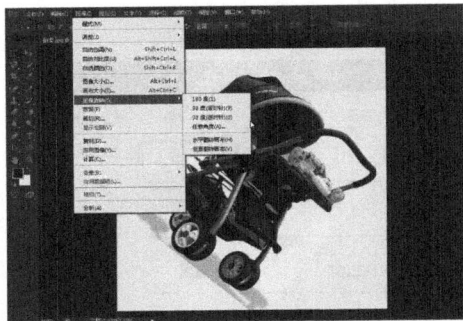

图 4-3

图 4-4

（5）单击【确定】按钮，即可调整图片的角度，如图 4-5 所示。

图 4-5

## 4.1.2 调整曝光不足或过度的图片

由于技术、天气、时间等原因或条件所限，拍出来的照片有时会不尽如人意，最常见的问题就是照片的曝光过度或者曝光不足。下面就向大家介绍如何在 Photoshop 中简单而有效地解决这些问题，具体操作步骤如下。

（1）启动 Photoshop，打开一张曝光过度的图片，如图 4-6 所示。

（2）选择【图像】|【调整】|【曝光度】命令，弹出【曝光度】对话框，在对话框中设置相应的参数，如图 4-7 所示。

图 4-6

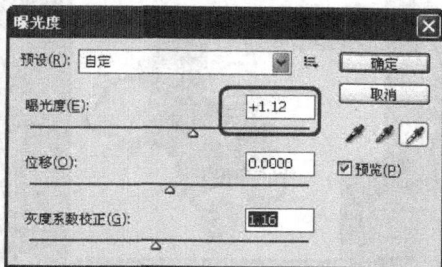

图 4-7

（3）单击【确定】按钮，即可调整图片的曝光度，调整后的图片如图 4-8 所示。

图 4-8

## 4.1.3 调整模糊的图片

用数码相机或是手机拍摄，难免会因为各种原因出现图片效果不尽如人意的情况，其中图片模糊是较为常见的。使用 Photoshop 调整模糊的图片的具体操作步骤如下。

（1）启动 Photoshop 软件，打开一张模糊的图片，如图 4-9 所示。

（2）选择【图像】|【模式】|【Lab 颜色】命令，如图 4-10 所示。

图 4-9

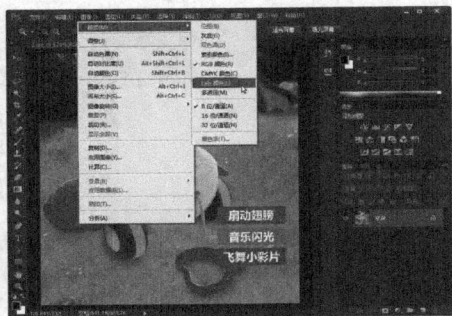

图 4-10

（3）在【图层】面板中将背景层拖动到【创建新图层】按钮上，复制背景图层，如图 4-11 所示。

（4）选择【滤镜】|【锐化】|【USM 锐化】命令，弹出【USM 锐化】对话框，在对话框中设置相应的参数，如图 4-12 所示。

图 4-11

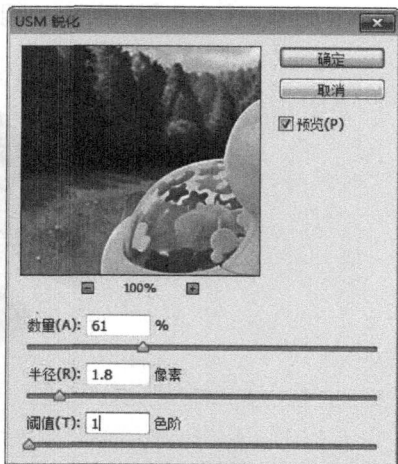

图 4-12

（5）将【背景拷贝】的图层的混合模式设置为【柔光】，【不透明度】设置为 90%，如图 4-13 所示。

（6）如果还是不够清楚，可以继续复制相应的图层并重复以上操作，直到图片清晰为止，结果如图 4-14 所示。

图 4-13

图 4-14

## 4.2    为图片添加水印和边框

本节将利用 Photoshop 为图片添加水印和边框，添加水印可以防止别人盗取自己辛苦拍摄和制作的图片，添加边框可以使图片显得精美、上档次。

## 4.2.1　为图片添加水印防止他人盗用

自己辛辛苦苦拍的图片，在网上却很容易被他人盗用，该怎么办呢？当然有办法了，为图片加上水印就可以防止他人盗用了，具体操作步骤如下。

（1）在 Photoshop 中打开图像文件，如图 4-15 所示。

图 4-15

（2）选择工具箱中的【横排文字工具】，在图片上输入文字，如图 4-16所示。

图 4-16

（3）在选中输入文字的情况下，选择【图层】|【图层样式】|【描边】命令，弹出【图层样式】对话框，将【大小】设置为3，【颜色】设置为白色，如图 4-17 所示。

（4）单击【确定】按钮，图层样式效果如图 4-18 所示。

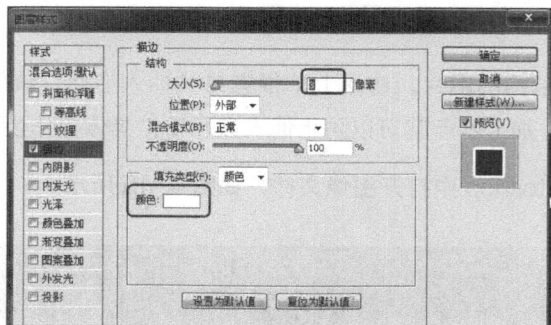

图 4-17

图 4-18

（5）打开【图层】面板，将【不透明度】设置为30%，如图 4-19 所示。

图 4-19

### 4.2.2 为图片添加相框提升精致感

为商品图片添加边框，可以突出显示和美化版面，并可使商品图片区分于其他内容，具体操作步骤如下。

（1）启动 Photoshop，打开图像文件，如图 4-20 所示。

（2）选择【图像】|【画布大小】命令，弹出【画布大小】对话框，在该对话框中将【宽度】设置为1，【高度】设置为1，【画布扩展颜色】设置为【前景】，如图 4-21 所示。

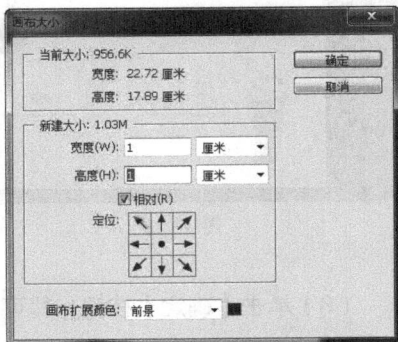

图 4-20                         图 4-21

（3）单击【确定】按钮，系统会为图片增加一个前景色的边框，如图 4-22 所示。

图 4-22

（4）选择工具栏中的【魔棒工具】，单击图片最外侧的边框，如图 4-23 所示。

（5）选择【编辑】|【填充】命令，弹出【填充】对话框，单击【自定图案】的下三角按钮，在弹出的下拉列表中选择相应的图案，如图 4-24 所示。

图 4-23

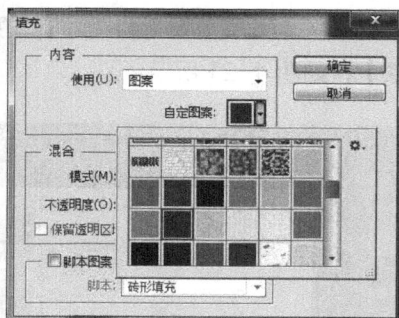

图 4-24

（6）单击【确定】按钮，即可为图片添加图案边框，效果如图 4-25 所示。

图 4-25

# 4.3 抠图

抠图是图片处理人员的基本功；对于卖家来说，抠图是制作出诱人图片的保证。

## 4.3.1  把图片中的商品抠出来

下面讲述将图片中的商品抠出来的具体操作步骤。

（1）首先在 Photoshop 中打开一张图片，选择工具栏中的【磁性套索工具】，如图 4-26 所示。

图 4-26

（2）在图片中单击选择相应的区域，如图 4-27 所示。

图 4-27

（3）选择【编辑】|【剪切】命令，即可将选择的区域抠出来，如图 4-28 所示。

图 4-28

## 4.3.2  快速更换图片的背景

下面介绍如何将抠出来的图片合成在精美的背景图片上，具体操作步骤如下。

（1）首先在 Photoshop 中打开一张背景图片，如图 4-29 所示。

图 4-29

（2）选择【编辑】|【粘贴】命令，即可将剪切的图片粘贴到背景图片上，使其合为一幅图片，用【选择工具】可以将其移动到合适的位置，如图 4-30 所示。

图 4-30

## 4.4 批处理商品图片

卖家在处理商品图片时，常常要处理几十甚至更多张，那么将每一张图片都打开，进行相同的操作后再保存起来，会耗费很多时间和精力。如何让计算机自动完成这些简单的重复性操作呢？下面就来详细讲述一下如何进行图片的批处理，具体操作步骤如下。

（1）启动 Photoshop 软件，打开需要编辑的图片，如图 4-31 所示。

（2）打开【动作】面板，单击【创建新动作】按钮，弹出【新建动作】对话框，在该对话框中将名称设置为【批处理】，如图 4-32 所示。

（3）单击【记录】按钮，即可新建动作，如图 4-33 所示。

（4）选择【图像】|【图像大小】命令，弹出【图像大小】对话框，在该对话框中将【宽度】设置为 300，如图 4-34 所示。

图 4-31

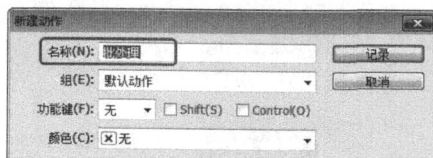

图 4-32

图 4-33

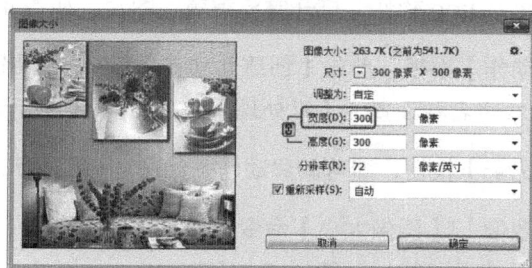

图 4-34

（5）单击【确定】按钮，调整后的图片如图 4-35 所示。

（6）将调整后的图片存储起来，返回到【动作】面板中，单击【停止播放 /
记录】按钮停止记录，动作就创建完成了，此时就可以关闭刚刚编辑的那张图
片了，动作内容如图 4-36 所示。

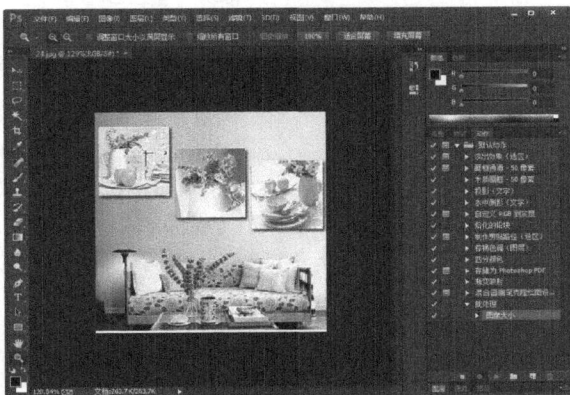

图 4-35

图 4-36

（7）选择【文件】|【自动】|【批处理】命令，弹出【批处理】对话框，
在该对话框中设置【源】文件夹的位置和【目标】文件夹的位置，如图 4-37 所示。

（8）单击【确定】按钮，即可对文件中的所有图片进行同样的处理，如
图 4-38 所示。

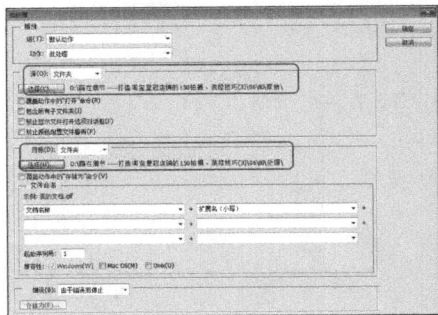

图 4-37

图 4-38

# 第 5 章　店铺设计与装修

　　如今，拼多多上的店铺数不胜数。在茫茫店铺中，有的店铺让人印象深刻，而有的店铺却让人毫无印象；有的店铺的买家会重复购买，而有的店铺的买家买了一次之后就不再回购。你的店铺属于哪一种呢？店铺的"装修"往往是买家对店铺的"第一印象"，专业、美观的店铺页面，能为店铺内的商品加分，还能增加买家对店铺的信任，甚至能让买家一进店里就有购物的冲动！本章将教你如何设计与装修自己的店铺。

# 5.1　为什么要装修店铺

正所谓"三分长相，七分打扮"，网络店铺（以下简称店铺）的装修如同实体店的装修一样重要。因为独具匠心的店铺装修能打动买家，能增加店铺的销售额。具体来说，好的店铺装修至少能够带来以下 4 个方面的好处：延长买家在店铺的停留时间、增加店铺的吸引力、改善店铺形象、打造店铺品牌。

漂亮、恰当的店铺装修能给买家带来美的享受，使买家浏览店铺时不易疲劳，买家自然会细心查看店铺中的商品。精品店铺传递的不仅是商品信息，更是卖家的经营理念、店铺文化等，这些都会给店铺的形象加分，同时也有利于店铺品牌的形成。

店铺装修是艺术和技术的完美结合，一个好的店铺装修就像是一件优秀的艺术品。好的店铺装修能够带给买家一种美的享受。要设计与装修出优秀的店铺，卖家要掌握一些美术基础知识，例如色彩、艺术流派等，这样就在无形中提升了卖家的审美能力。

# 5.2　店铺特效文字

通过 Photoshop 处理与设计过的文字和图片的表现力非常强，应用也非常广泛，本节我们就来讲述几个常见的店铺特效文字的制作。

## 5.2.1　促销立体字效果

本小节将讲述如何利用 Photoshop 设计促销立体字效果，具体操作步骤如下。

（1）启动 Photoshop，打开图像文件，如图 5-1 所示。

（2）选择工具栏中的【横排文字工具】，在图片中输入文字【抢年货啦】，在选项栏中设置字体和大小，如图 5-2 所示。

（3）单击选项栏中的【创建文字变形】按钮，弹出【变形文字】对话框，将【样式】设置为【波浪】并修改相关参数，如图 5-3 所示。

（4）单击【确定】按钮，变形效果如图 5-4 所示。

图 5-1

图 5-2

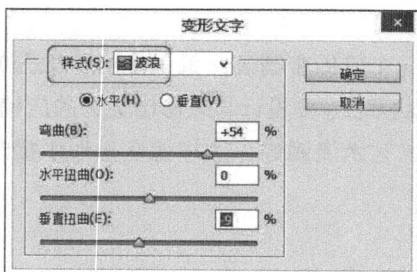

图 5-3

图 5-4

（5）选择【图层】|【图层样式】|【投影】命令，弹出【图层样式】对话框，在对话框中设置相关参数，如图 5-5 所示。

（6）勾选【渐变叠加】复选框，设置渐变颜色，如图 5-6 所示。

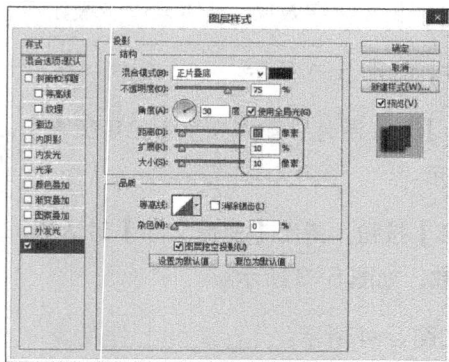

图 5-5

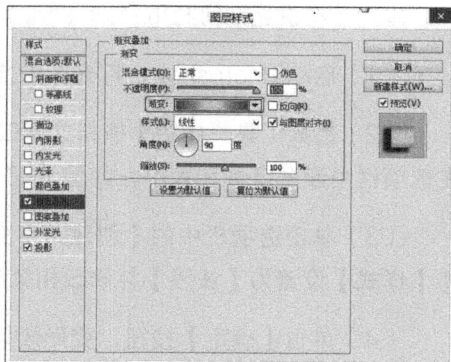

图 5-6

（7）勾选【斜面和浮雕】复选框，【样式】选择【外斜面】，【方法】选择【雕刻清晰】，如图 5-7 所示。

（8）单击【确定】按钮，图层样式效果如图 5-8 所示。

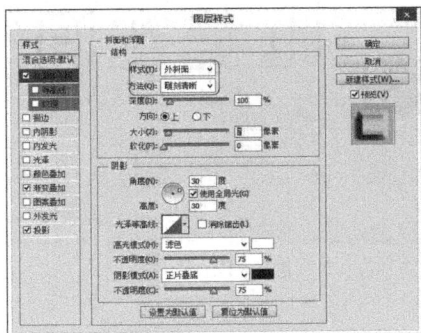

图 5-7

图 5-8

## 5.2.2　设计字体纹理

本小节以蓝色荧光字为例，设计字体纹理的具体操作步骤如下。

（1）打开图像文件，如图 5-9 所示。

（2）选择工具栏中的【横排文字工具】，在选项栏中设置文字的相关格式，在图片中输入文字【唯美空间】，如图 5-10 所示。

（3）选择菜单中的【图层】|【图层样式】|【斜面和浮雕】命令，弹出【图层样式】对话框，将【方法】设置为【雕刻清晰】，【深度】设置为 350%，【大小】设置为 20，如图 5-11 所示。

图 5-9

图 5-10

（4）单击【确定】按钮，图层样式效果如图 5-12 所示。

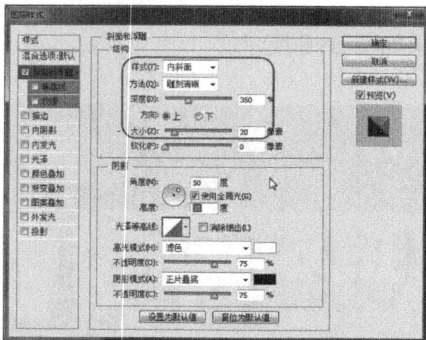

图 5-11                                图 5-12

（5）再打开一个图像文件，如图 5-13 所示。

图 5-13

（6）选择菜单中的【编辑】|【定义图案】命令，弹出【图案名称】对话框，将【名称】设置为【tu.jpg】，如图 5-14 所示。

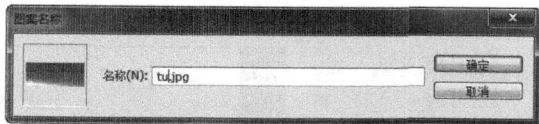

图 5-14

（7）单击【确定】按钮，定义图案。在【图层】面板中双击【唯美空间】图层，勾选【图案叠加】复选框，如图 5-15 所示。

（8）单击【图案】的下三角按钮，在弹出的下拉列表中选择刚刚定义的图案，如图 5-16 所示。

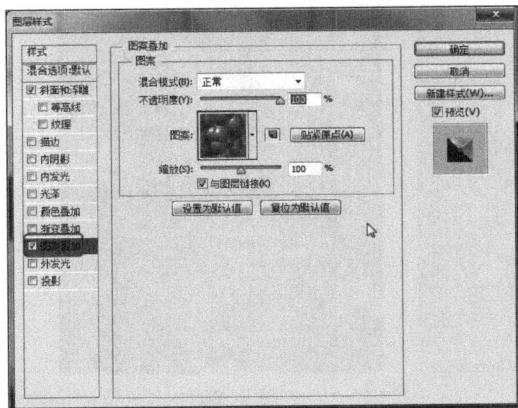

图 5-15

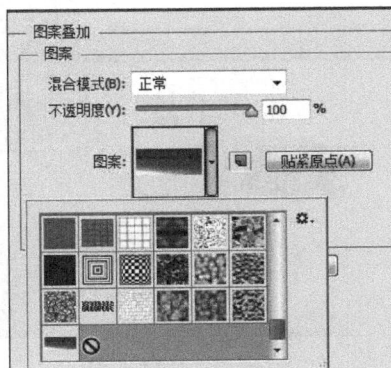

图 5-16

（9）勾选【颜色叠加】复选框，【不透明度】设置为 70%，如图 5-17 所示。

（10）勾选【斜面和浮雕】复选框，设置【高光模式】和【阴影模式】，如图 5-18 所示。

（11）单击【确定】按钮，图层样式效果如图 5-19 所示。

（12）在【图层】面板中，将【唯美空间】图层拖到底部的【创建新图层】按钮上，复制图层，如图 5-20 所示。

（13）双击复制的图层，弹出【图层样式】对话框，取消勾选【颜色叠加】和【图案叠加】复选框，勾选【纹理】复选框，并设置纹理图案，如图 5-21 所示。

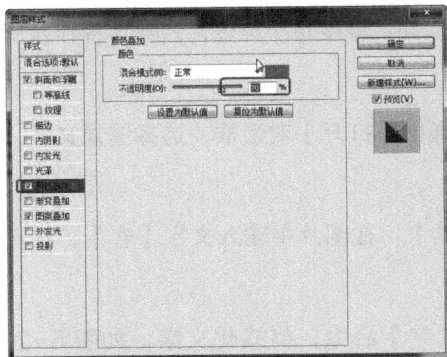

图 5-17

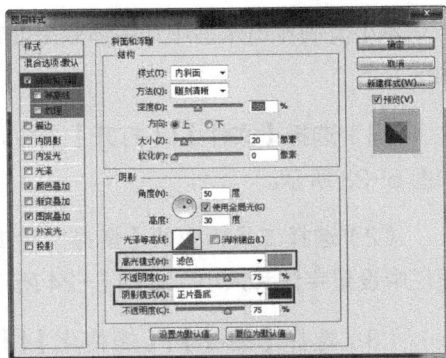

图 5-18

图 5-19

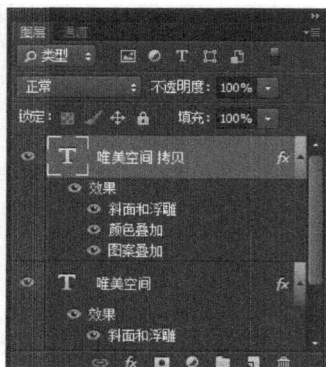

图 5-20

（14）单击【确定】按钮，纹理效果如图 5-22 所示。

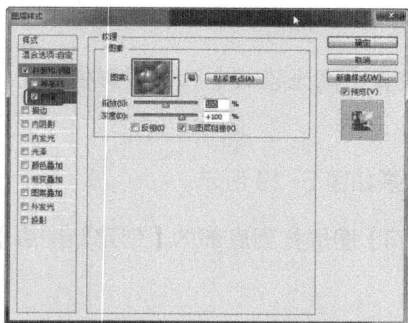

图 5-21

图 5-22

## 5.2.3 爆炸字体效果

本小节制作出来的爆炸字体效果非常漂亮，难度也不是很大，具体操作步骤如下。

（1）选择【文件】|【打开】命令，弹出【打开】对话框，选择图像文件，如图 5-23 所示。

（2）选择工具箱中的【横排文字工具】，在图片中输入文字【春】，在选项栏中设置字体和大小，如图 5-24 所示。

（3）选择【图层】|【栅格化】|【文字】命令，格式化文字，如图 5-25 所示。

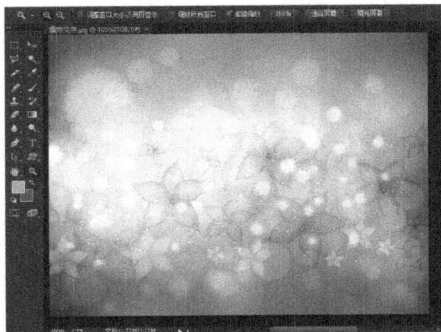

图 5-23

图 5-24

（4）选择【滤镜】|【扭曲】|【极坐标】命令，弹出【极坐标】对话框，选择【极坐标到平面坐标】单选按钮，如图 5-26 所示。

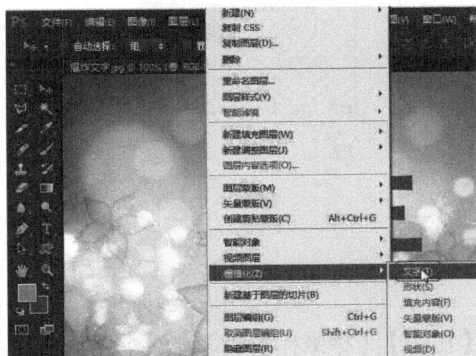

图 5-25

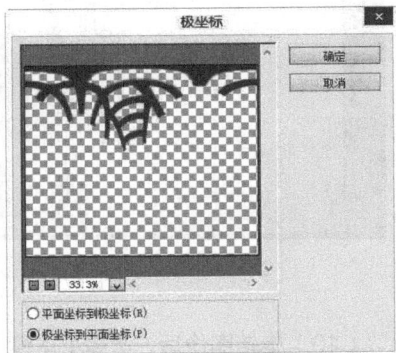

图 5-26

（5）单击【确定】按钮，极坐标效果如图 5-27 所示。

（6）长按 Ctrl+T 快捷键调整文字角度，右击鼠标，在弹出的快捷菜单中选择【旋转 90 度（顺时针）】，如图 5-28 所示。

（7）此时可以顺时针旋转 90 度，效果如图 5-29 所示。

（8）选择【滤镜】|【风格化】|【风】命令，弹出【风】对话框，将【方法】设置为【风】，【方向】设置为【从右】，如图 5-30 所示。

（9）单击【确定】按钮，设置滤镜效果，按 Ctrl+T 快捷键调整角度，右击鼠标，在弹出的快捷菜单中选择【旋转 90 度（逆时针）】选项，如图 5-31 所示。

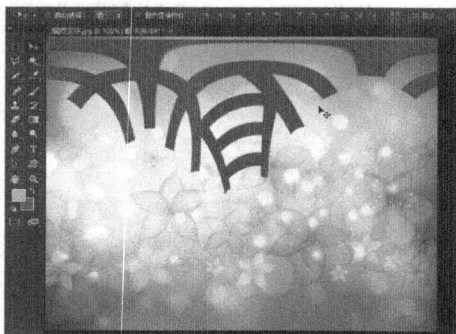

图 5-27

图 5-28

图 5-29

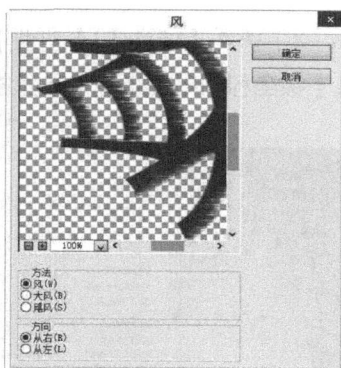

图 5-30

（10）旋转图像后，选择【滤镜】|【扭曲】|【极坐标】命令，如图 5-32 所示。

图 5-31

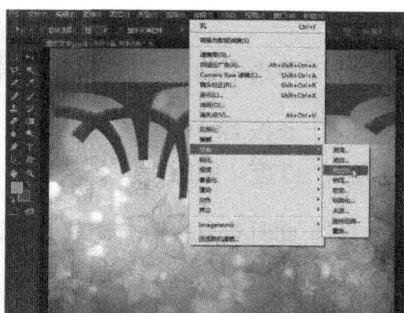

图 5-32

（11）弹出【极坐标】对话框，选择【平面坐标到极坐标】单选按钮，如图 5-33 所示。

（12）单击【确定】按钮，制作完成的爆炸字体效果如图5-34所示。

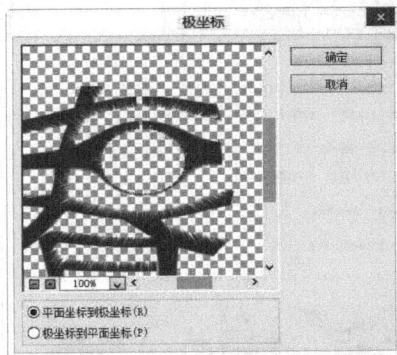

图5-33

图5-34

## 5.3 促销广告设计与制作

　　店铺装修中，促销广告是不可缺少的，那么拼多多店铺的促销广告应该怎么设计呢？要做出好看又吸引人的促销广告不是一件简单的事。下面给大家分享一些拼多多店铺促销广告的设计与制作技巧。

　　目前，制作促销广告的基本方法有3种。

　　第一种方法是通过互联网寻找一些免费的促销广告模板，然后将其下载到本地并进行修改，或者直接在线修改。在模板上添加自己店铺的促销商品信息和公告信息，最后将修改后的模板应用到店铺的商品促销区即可。这种方法的优点是方便、快捷，而且不用支付费用；缺点是在设计上有所限制，个性化不足。图5-35所示为网站提供的一些免费的海报模板。

　　第二种方法是自行设计商品促销广告。卖家可以先使用图像制作软件设计好商品促销版面，然后进行切片处理，并将其保存为网页，接着通过网页制作软件（如Dreamweaver）制作、编排和添加网页特效。最后将网页的代码应用到店铺的商品促销区即可。由于是自行设计，因此卖家可以按照自己的意向设计出独一无二的商品促销广告；这种方法的缺点是对卖家的设计能力要求比较高，需要卖家掌握一定的图像设计和网页制作技能，卖家自行设计的商品促销广告如图5-36所示。

图 5-35

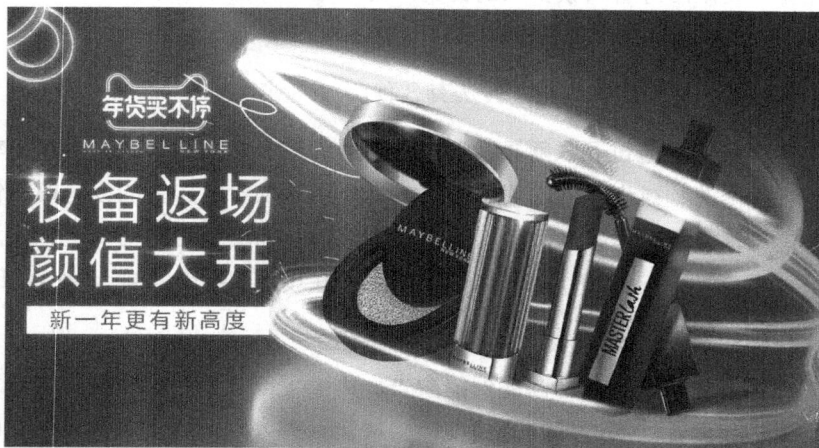

图 5-36

第三种方法是最省力的，就是卖家从提供拼多多店铺装修服务的店铺中购买整店装修服务，或者只购买促销广告服务。目前拼多多有很多专门提供店铺装修服务和出售店铺装修模板的店铺，卖家可以购买这些服务，如图 5-37 所示。

图 5-37

就商品促销广告的设计而言，购买一个精美模板的价格一般只要几十元。如果卖家不想使用现成的模板，还可以让这些店铺为你设计一个专属的商品促销广告模板，不过价格就会比购买现成模板更贵一点。这种方法最省心，而且可以定制专属的商品促销广告模板，缺点就是成本较高。

## 5.3.1 促销广告设计的注意事项

促销广告设计的注意事项包括色彩、字体、标签、引导，下面一一进行介绍。

### 1. 色彩

色彩基调能产生色彩感情，色彩对比能增加画面空间感。图 5-38 所示为色彩的冷暖对比。简单的控制色彩的方法是用色不超过 3 种，并按照 6：3：1 的比例配置，也就是说 3 种颜色的面积占比为 6：3：1。

### 2. 字体

字体就是文字的风格样式，不同的字体给人的感觉不同。那么做好字体设计能给拼多多店铺带来哪些好处呢？那就是可以很大程度上为店铺设计加分。大家可以对比图 5-39 和图 5-40 所示的两张海报，一张是用传统字体做的标题，一张则进行了字体设计，你觉得哪张更有设计感、更耐看一些？

图 5-38

图 5-39

图 5-40

### 3. 标签

促销广告中经常会出现一些标签，比如价格标签、促销内容标签，这些标签的设计也要符合商品的特点。图5-41所示为全场打折标签，该标签简洁明快，和商品简洁大方的风格相得益彰。

图 5-41

### 4. 引导

明确的按钮和箭头会对买家产生不可低估的心理暗示，因此网页上显示的按钮看起来越有立体感，越能吸引买家进行单击，如图5-42所示。

图 5-42

## 5.3.2 制作促销广告

促销广告是指卖家直接向消费者推销商品或服务的广告形式；卖家可运用各种途径和方式，对商品的质量、性能、特点、给消费者带来的便利等进行展示，唤起消费者的消费欲望，从而达到促销的目的。下面讲述促销广告的制作方法，具体操作步骤如下。

（1）启动 Photoshop 软件，新建一个空白文档，如图 5-43 所示。

（2）在工具栏中选择【渐变工具】，在选项栏中单击【点按可编辑渐变】按钮，弹出【渐变编辑器】对话框，如图 5-44 所示。

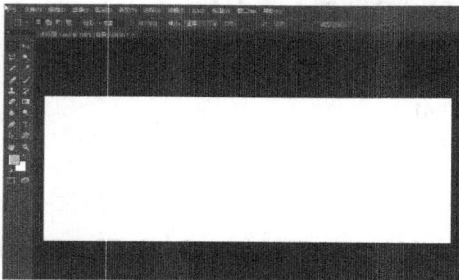

图 5-43

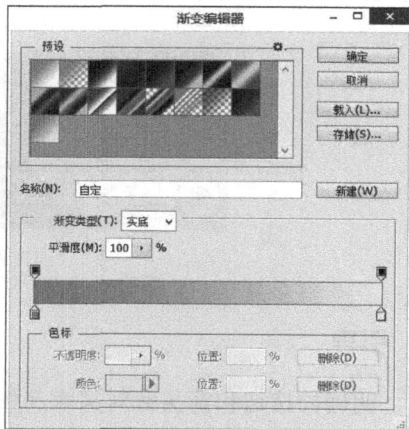

图 5-44

（3）设置渐变颜色后单击【确定】按钮，在图像文件中按住鼠标左键并从左向右拖动，填充渐变，如图 5-45 所示。

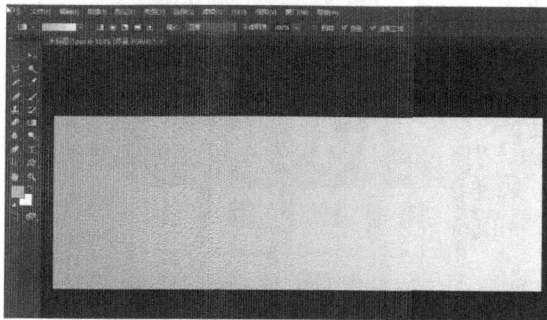

图 5-45

（4）选择【文件】|【置入】命令，弹出【置入】对话框，选择需要置入的图像文件，如图 5-46 所示。

（5）单击【置入】按钮，置入图像，如图 5-47 所示。

（6）选择工具栏中的【圆角矩形工具】，在选项栏中将【填充】颜色设置为红色，在图像中按住鼠标左键并拖动鼠标，绘制圆角矩形，如图 5-48 所示。

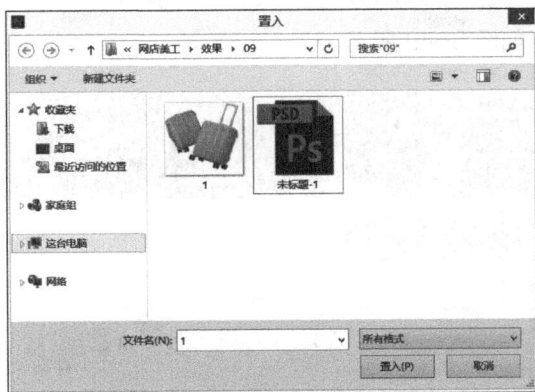

图 5-46

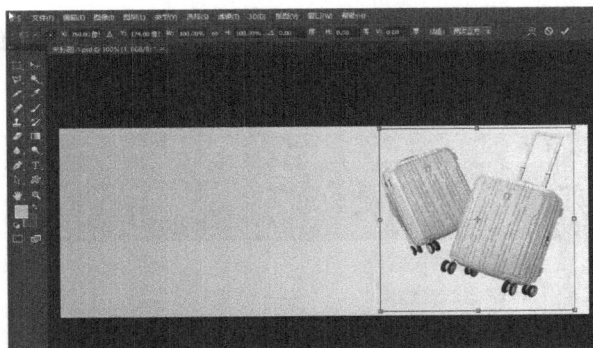

图 5-47

图 5-48

（7）选择工具栏中的【圆角矩形工具】，在选项栏中将【填充】颜色设置为【无】，【描边】颜色设置为白色，在图像中按住鼠标左键并拖动鼠标，再次绘制圆角矩形，如图 5-49 所示。

图 5-49

（8）选择工具栏中的【横排文字工具】，在图像中输入促销文字，如图 5-50 所示。

图 5-50　输入文字

（9）选择工具栏中的【椭圆工具】，在选项栏中将【填充】颜色设置为黄色，在图像中按住鼠标左键并拖动鼠标，如图 5-51 所示。

（10）选择工具栏中的【横排文字工具】，在圆形图像中输入文字【送】，按 Ctrl+T 快捷键调整文字的角度，如图 5-52 所示。

（11）选择工具栏中的【自定义形状工具】，在选项栏中单击【形状】右侧的下三角按钮，在弹出的下拉列表中选择要绘制的形状，如图 5-53 所示。

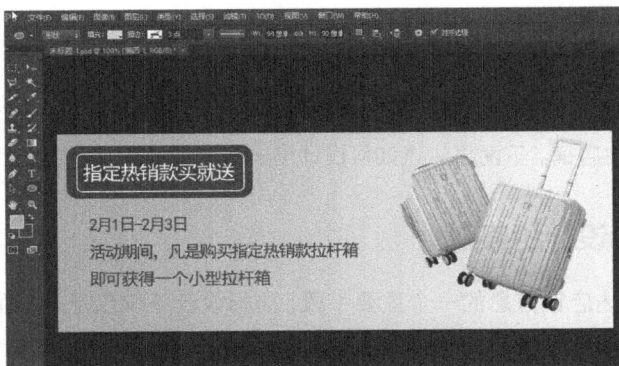

图 5-51

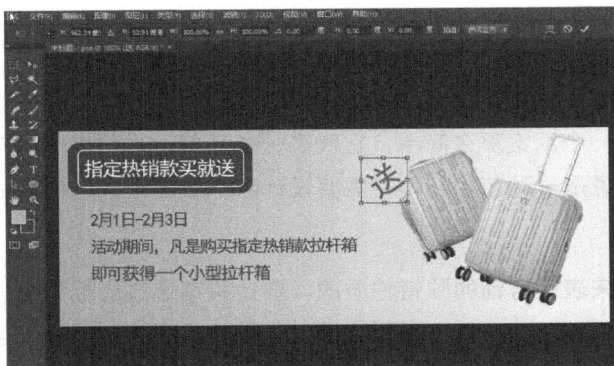

图 5-52

（12）在图像中按住鼠标左键并拖动鼠标绘制选择好的形状。选择工具栏中的【横排文字工具】，在形状上面输入文字【立即抢购】，效果如图5-54所示。

图 5-53

图 5-54

# 5.4 设计店标

店标是店铺最重要的标志之一，一个好的店标可以给买家留下深刻的印象，让买家更容易记住店铺。下面将讲述如何设计出一个出色的店标，让更多的买家光临。

## 5.4.1 店标设计的原则

店标是传达店铺信息的一个重要手段，店标设计不仅仅是一般的图案设计，更重要的是店标要体现出店铺的精神、商品的特征，甚至店主的经营理念等信息。一个好的店标设计，除了能给买家传达明确的信息外，还能在方寸之间表现出深刻的精神内涵和艺术感染力，给买家以静谧、柔和、饱满、和谐的感觉。

要做到这一点，在设计店标时需要遵循一定的设计原则。

### 1. 富于个性，新颖独特

店标并非一个图案那么简单，它代表一个品牌，也代表一种艺术。所以店标的制作可以说是一种艺术创作，需要设计者从生活中、店铺规划中捕捉创作灵感。

店标是用来表达店铺的独特性质的，要让买家通过店标认清店铺的独特品质、风格和情感。因此，店标在设计上除了要讲究艺术性外，还需要讲究个性化，让店标与众不同、别出心裁。

设计个性化、独特的店标的根本原则就是要设计出可视性高的视觉形象，要善于使用夸张、重复、抽象和寓意的手法，使设计出来的店标达到易于识别、便于记忆的效果。设计者在设计店标前，需要做好材料搜集和材料提炼等准备工作。图 5-55 所示为一个个性化店标设计作品。

图 5-55

## 2．简练、明确地表达信息

店标是一种直接表达的视觉语言，要能产生瞬间效应，因此店标的设计要简练、明确、醒目。图案切忌复杂、过于含蓄，要做到近看精致巧妙，远看清晰醒目，从各个角度、各个方向上看都有较好的识别性。

另外，店标要表达一定的含义，传达明确的信息，给买家留下美好的、独特的印象。

## 3．符合美学原理

店标设计要符合人们的审美，买家观察店标的过程，其实是一个审美过程。在审美过程中，买家把在视觉上感受到的图形，用社会所公认的相对客观的标准进行评价、分析和比较，引起"美的冲动"。这种"美的冲动"会传入人们的大脑并产生记忆。因此，店标要形象并具有简练清晰的视觉效果和强劲的视觉冲击力。

店标的造型要素有点、线、面、体4种，设计者要借助这4种要素，根据不同造型的相关规则，使所设计出的店标具有独立于各种具体事物结构的美。

## 5.4.2 店标设计的基本方法

### 1．设计静态店标

一般来说，静态店标由文字和图像构成。其中有些店标用纯文字表示，有些店标用纯图像表示，也有一些店标既包含文字也包含图像。

有商标的卖家，可以将商标用数码相机拍下，然后用 Photoshop 软件进行处理，或用扫描仪将商标扫描下来，再通过图像处理软件进行编辑。

有绘图基础的卖家，可以利用自己的绘图技能，先在纸稿上画好草图，然后用数码相机拍摄或使用扫描仪扫描的方法将图像输入计算机，再使用图像处理软件进行绘制和颜色填充。

### 2．设计动态店标

对于店铺而言，动态店标就是将多个图像和文字合成 GIF 动画。制作这种动态店标，可以使用 GIF 制作工具，如 easy GIF Animator、Ulead GIF Animator 等软件都可用来制作 GIF 动态图像。

设计前准备好背景图像及商品图像，然后考虑要添加什么文字，例如店铺名称或主打商品等，接着使用软件制作即可。

## 5.4.3　制作店标

下面介绍使用 Photoshop 软件制作店标的方法，具体操作步骤如下。

（1）启动 Photoshop 软件，新建一个空白文档，如图 5-56 所示。

（2）在工具栏中单击【背景】按钮，设置背景图像，在图像中按 Ctrl+Delete 快捷键填充背景颜色，如图 5-57 所示。

图 5-56

图 5-57

（3）选择工具栏中的【自定义形状工具】，在选项栏中选择相应的形状，如图 5-58 所示。

（4）按住鼠标左键并拖动鼠标在图像中绘制形状，如图 5-59 所示。

图 5-58

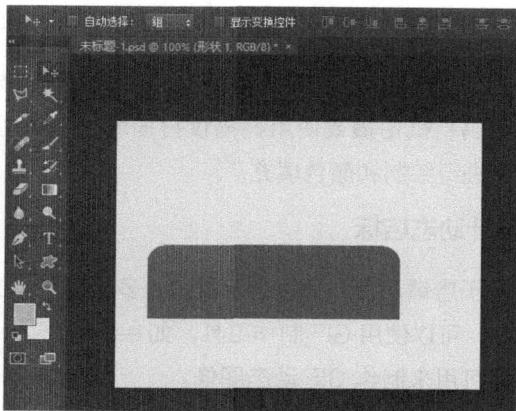

图 5-59

（5）选择工具栏中的【横排文字工具】，在绘制的形状中输入文字【精品女包】，如图 5-60 所示。

（6）选择【图层】|【图层样式】|【外发光】命令，弹出【图层样式】对话框，勾选【外发光】复选框，设置相应参数，如图 5-61 所示。

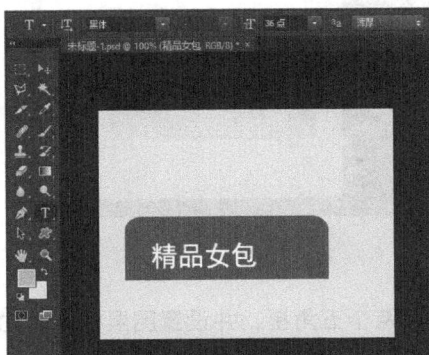

图 5-60

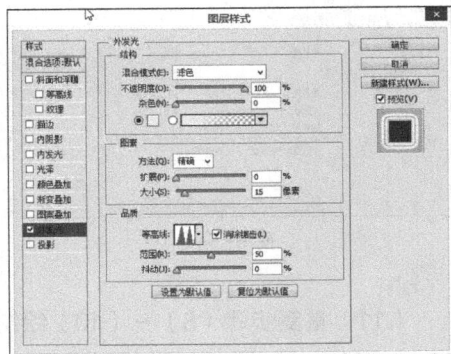

图 5-61

（7）单击【确定】按钮，外发光效果如图 5-62 所示。

（8）选择工具栏中的【自定义形状工具】，单击选项栏中的【形状】右侧的下三角按钮，在弹出的下拉列表中选择【五角星】，如图 5-63 所示。

图 5-62

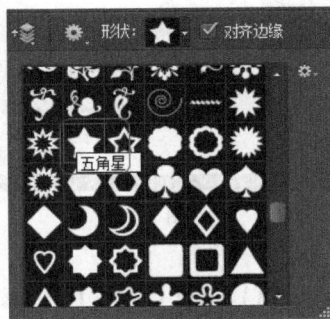

图 5-63

（9）选择【图层】|【图层样式】|【外发光】命令，弹出【图层样式】对话框，勾选【外发光】复选框，设置相应参数，如图 5-64 所示。

（10）单击【确定】按钮，外发光效果如图 5-65 所示。

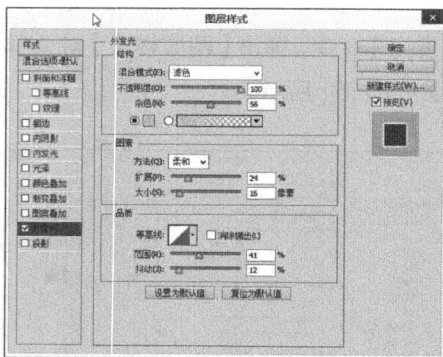

图 5-64

图 5-65

（11）重复步骤（8）～（10）绘制另外两个五角星，并设置图层样式，如图 5-66 所示。

（12）选择【图层 3】，在 3 个小星星上分别输入文字"小""迪""家"，如图 5-67 所示。

图 5-66

图 5-67

（13）选择【文件】|【置入】命令，弹出【置入】对话框，选择需要置入的图像，置入图像文件，如图 5-68 所示。

（14）选择【文件】|【存储为 Web 所用格式】命令，弹出【存储为 Web 所用格式（100%）】对话框，文件格式选择 GIF 格式，如图 5-69 所示。单击【存储】按钮，即可保存文件。

图 5-68

图 5-69

# 5.5 制作高转化率店铺页面

店招、首页、商品详情页以及关联销售页是拼多多店铺装修的基础区域，提升这些部分的设计美观度可以让店铺装修的整体效果更上一层楼。

## 5.5.1 店招设计技巧

店铺招牌（简称店招）是一个店铺的象征，一个好的店招能起到传达店铺的经营理念、突出店铺的经营风格、彰显店铺的形象等作用。图 5-70 所示为处于顶部位置的店招。

图 5-70

制作店招时需要注意的事项有以下几点。

（1）视觉重点不宜过多，有1～2个就够了，太多了会给买家造成压力。

（2）根据店铺现阶段的情况来分析，如果现阶段是做大促，可以着重突出促销信息，但是品牌性不能忽略。

（3）店招要凸显品牌的特性，让买家清楚地知道你是卖什么的，包括店铺的风格、品牌文化等。

（4）颜色不要太复杂。在颜色方面一定要保持整洁性，不要使用过多的颜色，造成买家视觉疲劳，否则很可能会流失买家的关注；尽量只使用1～3种颜色，避免使用过于刺激的颜色。

## 5.5.2 首页设计技巧

店铺的首页是一个很醒目且关键的部位，首页装修得好坏能在一定程度上影响到买家对店铺的印象。首页是一个店铺的门面，也是决定店铺整体风格的重要一环。

首页是店铺信息量最大、最集中的地方，买家想了解商品，一般都是从了解一个店铺的首页开始的。

店铺中销售的商品种类与数量繁多，当买家进入店铺时，店铺中的每一件商品并不是都拥有与买家在第一时间产生接触的机会。通过装修店铺，卖家可以将主打商品或促销折扣商品展示在首页中的醒目位置，以传达店铺最想要传达的信息，这也是提升销量的一种方式。

首页是由多个模块搭建而成的，想要布局一个优秀的店铺首页，就需要对店铺首页的每一个模块都有非常清晰的了解，并且知道它们的布局重点和注意点，还要知道每个模块的使用技巧。图5-71所示为一家店铺的首页。

### 1. 店标与店招

拼多多店铺的店招形同于实体店的店招。买家第一眼看到一家店铺的店标和店招，就能知道这个店铺是卖什么商品的。

店标和店招出现在每一个页面的上方，买家通过搜索进入商品详情页，首先看到的也是店标和店招。图5-72所示为店标与店招。

图 5-71

## 2. 店铺导航

　　店铺导航的主要功能是可以帮助买家快速找到相应的商品。店铺导航包括首页、分类、优惠等栏目。导航的设置根据店铺自身的实际情况而定，不是越多越好，而是要结合店铺的运营情况，选取对店铺经营有帮助、和竞争对手相比有优势的以及独有的店铺内容。图 5-73 所示为店铺首页中的导航区域。

图 5-72

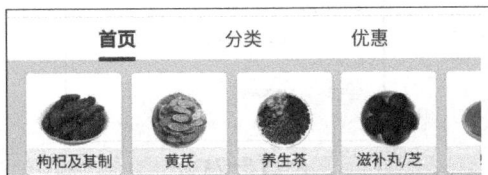

图 5-73

　　店铺内的商品大多都是有分类的，尤其是商品比较多的店铺，要使买家能根据自己的需求在店铺中快速找到想要的商品，如图 5-74 所示。

　　在设计分类时必须注意以下几个原则。

　　（1）原则一：导航文字简洁明了，导航中分类的数量不宜过多。

（2）原则二：促销类、应季类的导航靠前呈现。

（3）原则三：充分地考虑商品的各个属性，从买家的角度做多维度的导航分类。

（4）原则四：避免出现无商品的空分类。

### 3. 百亿补贴

拼多多店铺首页第一屏是点击率最高的一个区域，因为买家来到店铺第一眼看到的就是这个地方，如果这个地方设计得不够出色，那么买家就会迅速地下拉页面。现在很多拼多多店铺的首页第一屏都是百亿补贴信息，如图 5-75 所示。

拼多多平台的百亿补贴主要是品牌商与平台联合补贴让利。因此，这一补贴方式意味着，在不计算卖家联合打折的情况下，仅靠拼多多平台的补贴，每件商品的平均降价幅度就达到了 15%，相当于拼多多靠自有资金实现了全场商品常年平均 8.5 折。

图 5-74

图 5-75

### 4. 商品展示

在店铺首页上所能看到的商品都是通过各种形式得以展示的，其中最简单的方式就是商品展示系统，如图 5-76 所示。通过该系统，卖家可以选择展示新品，也可以按销量、价格排行展示。店铺中的一些商品是卖家的主推商品，这些商品因为品质好、包装好或利润空间大等因素被卖家定位为店里的主推商品，在以不同形式展示商品时，主推商品始终位置靠前。

图 5-76

## 5.5.3 商品详情页设计技巧

商品详情页作为店铺详情页的一部分，越来越受到卖家的重视，因为无论是提高转化率，还是提升整个店铺的浏览量，商品详情页都能起到很大的推动作用。图 5-77 所示为一家店铺的商品详情页。

图 5-77

商品详情页设计得好坏是直接决定交易能否达成的关键因素。在设计商品详情页时应注意以下几点。

## 1. 突出差异化优势

在激烈的竞争环境中，卖家想要让自己的商品脱颖而出，最好的办法之一就是突出商品的差异化优势。所谓的差异化优势指的是商品在某一方面做到了极致，是竞争对手无法提出的或者无法比拟的卖点。图5-78所示为某商品详情页中的商品卖点展示图，它就强调了该商品的差异化优势。

图 5-78

## 2. 强调安全性、品质

对于一些商品，买家会对其详情页里面的内容持有一定的怀疑态度。此时卖家就需要在商品详情页里强调商品的安全性和品质，来加强买家对商品的信任，如图5-79所示。

## 3. 运用各类营销方式

新发布的商品前期销量低，需要运用各种各样的营销方式，为商品积累一定的基础销量，这也是在设计商品详情页时应优先考虑的内容，如图5-80所示。

图 5-79

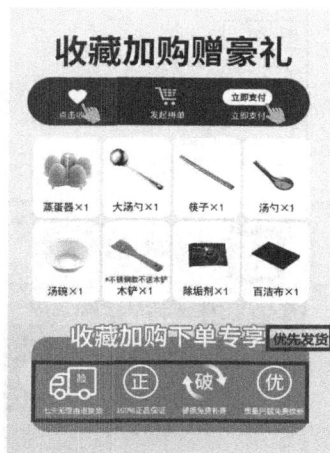

图 5-80

# 第6章　网店推广，提升知名度

开网店容易，但想要经营好网店并且一直有源源不断的收入不是件容易的事。有的卖家月收入几十万元甚至上百万元，也有的卖家几个月只能卖出几件商品。因此，通过有效推广为网店提升知名度很重要。网店的推广可分为付费的和免费的两种，对于刚在拼多多上开店的卖家来说，免费推广是最好的推广方式，本章就介绍一些免费，而且效果还不错的推广方法。

# 6.1　利用自然搜索流量提升商品排名

自然搜索流量是指来自搜索引擎的非付费流量，对于小型卖家来说这部分流量弥足珍贵。

## 6.1.1　拼多多的自然搜索排名规则

拼多多卖家想要赚钱，想要有销量，首先要提升自己店铺商品的自然搜索排名，因为排名越靠前，商品得到展示的机会就越大。想要让自己的商品排名靠前，首先得知道拼多多的自然搜索排名规则是怎样的。

拼多多的自然搜索排名规则主要包括综合、评分、销量、价格、品牌和筛选等排序方式，下面分别介绍。

### 1．综合排序

综合排序是根据商品在一段时间内的销量、价格、质量和售后等情况，进行综合排名的。例如搜索"包包"关键词后，单击【综合】，在弹出的菜单中选择【综合排序】，即可采用综合排序的方式排列所有的商品，如图6-1所示。卖家可以利用推广方式提升商品的基础数据，如通过提高访客量、咨询量、产品点击率等来提升商品的综合排名。

### 2．评分排序

评分排序是根据商品3个月的卖家服务评价系统（DSR）的动态评分分数的平均值进行排序的，如图6-2所示。卖家可以通过使商品描述与商品相符、提供良好的物流服务、改善客服态度（如提高客服回复率）以及提供良好的售后服务来提高商品的评分排名。

### 3．销量排序

销量排序是根据商品近30天的销量进行排序的，以显示近期销量好的商品。采用销量排序时，排在前面的商品基本上都是月销量10万件以上的商品，如图6-3所示。

### 4．价格排序

价格排序主要根据商品价格进行排序，排序时会按"千人千面"的逻辑进行展示。图6-4所示为价格由低到高进行排序。卖家可以通过提高商品质量得分，利用推广活动等提升商品权重，来获得更好的价格排名。

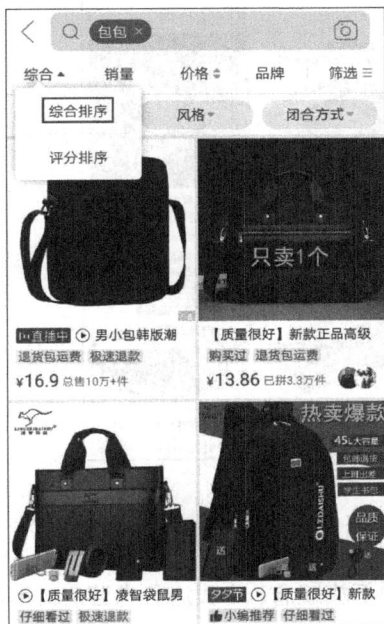

图 6-1

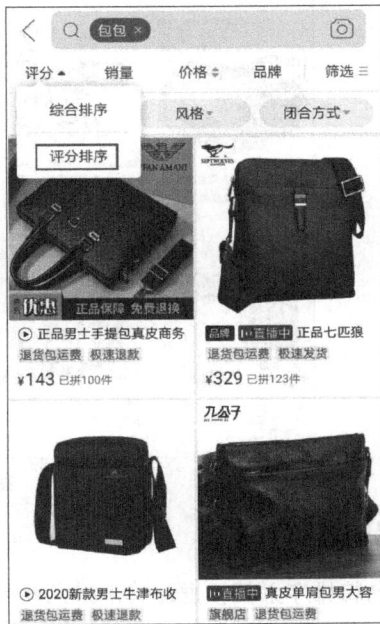

图 6-2

图 6-3

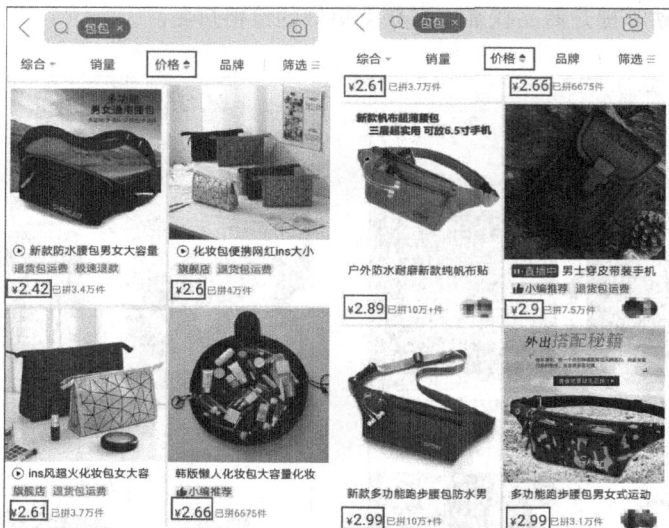

图 6-4

## 5. 品牌排序

　　品牌排序主要根据品牌来排列商品，包括旗舰店、专卖店和专营店的商品，也是按"千人千面"的逻辑来展示的，如图 6-5 所示。卖家可以通过拿到正规品牌商品授权，进入品牌库，提升基础销量、点击率、转化率以及商品质量分等指标，来获得较靠前的排名。

图 6-5

## 6．筛选排序

筛选排序可以根据商品的属性，如价格区间、精选服务、品牌、款式、适用年龄、发货地等多种形式进行排序，如图 6-6 所示。筛选后的搜索结果如图 6-7 所示。卖家可以通过正确填写商品的属性，包括商品的款式、面料、风格等，并不断完善商品信息、提高商品质量分来提升商品的筛选排名。

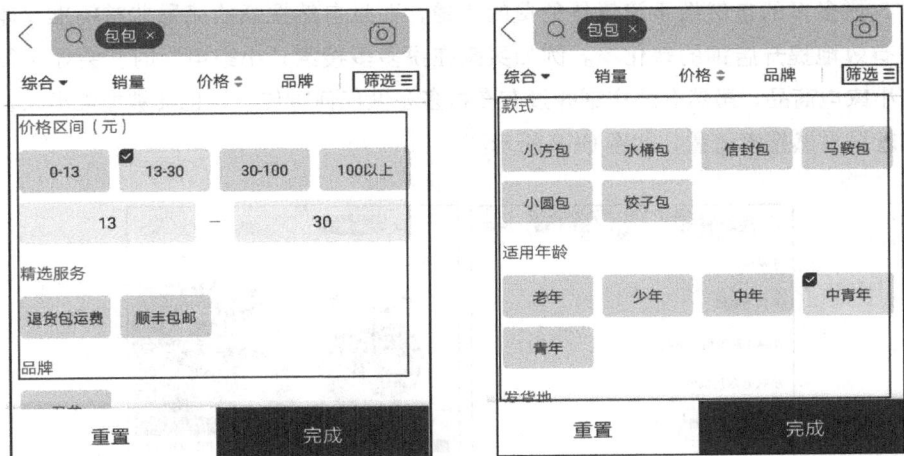

图 6-6

图 6-7

## 6.1.2　拼多多搜索排名原理

拼多多自然搜索排名的原理是什么呢？首先是精准匹配，精准匹配的优先级最高，会优先展示词序一致的商品。其次是中心词匹配，系统无法精准匹配时，会默认展示标题中包含中心词的商品。最后是近似词广泛匹配，系统无法通过中心词匹配商品时，就会根据近似词匹配类目相同的商品。

拼多多的自然搜索流量是免费的流量，而且自然搜索的流量非常精准，能够有效地提升店铺的转化率。例如买家在拼多多搜索"小家电"时，会显示很多小家电商品，虽然有的店铺并没有在拼多多做任何宣传，但也会被搜索出来，这就是自然搜索流量，如图 6-8 所示。

图 6-8

影响拼多多商品自然搜索排名的因素有很多，具体包括商品标题关键词匹配度、价格、促销活动、店铺的信誉、转化率、商品类目、销量、DSR 等，同时搜索结果还会遵循"千人千面"的展示逻辑。拼多多商品的自然搜索排名会综合这些因素，每 24 小时更新一次，也就是说，并不是你的商品一时排在前面，就会一直排在前面。

为商品取标题的时候最好选用商品所属类目里的热门关键词。尤其是拼多多商品的标题和详细页里面，一定要包含商品的热门关键词。这样，当买家搜索与商品相关的热门关键词时，你的商品就有机会排在前面。

同时卖家要尽量多参加拼多多的促销活动，提升店铺的曝光度。

最后卖家要注意维护好自己店铺的信誉度，店铺的信誉度越高，在买家搜索时，排在前面的机会越大。

## 6.1.3 拼多多类目排名原理

类目流量是指通过拼多多首页顶部的类目入口单击进入店铺的流量。类目流量一直是拼多多主要的流量，拼多多会把大部分流量导向类目。

例如买家在拼多多首页顶部单击其中的"食品"类目进入食品搜索页面，如图 6-9 所示。单击"鞋包"类目进入鞋包搜索页面，如图 6-10 所示。

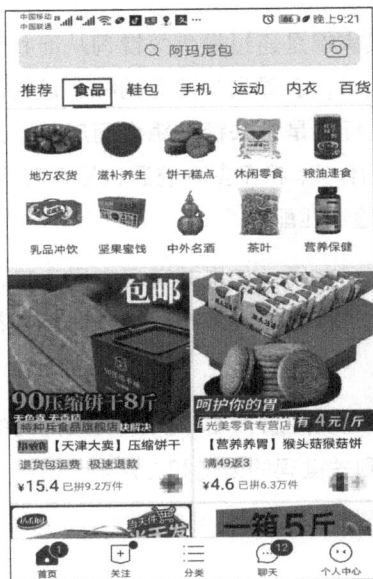

图 6-9

图 6-10

拼多多首页顶部的类目为一级类目，在每个一级类目下面还有二级类目，图 6-11 所示为"手机"一级类目下的二级类目，图 6-12 所示为"百货"一级类目下的二级类目。

决定商品类目排名的核心因素是商品在最近一般时间内的有效成交量。店铺的人群标签是否精准决定了流量利用率的高低，即转化率大小，进而影响店铺商品的成交额。

图 6-11

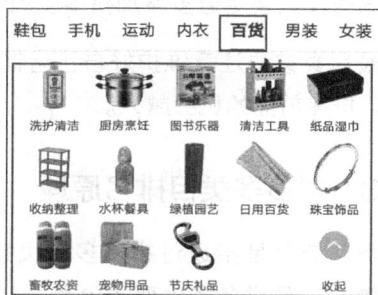

图 6-12

## 6.1.4　优质关键词的寻找方法

从自然搜索流量的角度看，大部分买家都是通过搜索关键词从而找到对应的商品的，这时，系统在进行关键词匹配时，会首先与商品的标题进行匹配。所以说，标题是自然搜索流量的主入口。标题是由关键词组合而成的，关键词在拼多多平台上起到用户索引、匹配商品的作用。拼多多系统通过搜索商品标题，将商品标题拆分成几个关键词，以供后续检索匹配。

不管是什么推广活动，都离不开关键词布局；如果关键词布局正确，自然能使店铺的推广活动起到事半功倍的效果；反之关键词布局错误，那么花再多的力气也是白搭。

关键词决定了点击单价的高低，同时还决定着点击率。寻找关键词的方法比较多，下面介绍几种可以快速有效地找到关键词的渠道和方法。

### 1. 拼多多 App 搜索框

卖家可以在拼多多 App 搜索框中输入和自己的商品相关的词，搜索框的下方会列出一系列的关键词，如图 6-13 所示。这些列出来的词都是平台用户常搜索的关键词，是平台搜集用户的搜索习惯整合出来的，卖家可以选择这些关键词，看看这些关键词的行业平均数据。

### 2. 多多情报通中的行业热搜词

在多多情报通中可以看到该行业类目下有哪些热搜词，以及这些词的搜索热度、点击率、转化率等，如图 6-14 所示。

图 6-13

图 6-14

## 3. 推广工具的关键词分析

通过推广工具的关键词分析，卖家能洞察热搜词排行榜及其发展趋势，解决卖家在选择关键词时不知道哪些词流量大、选择什么关键词和如何对关键词出价的困扰。卖家选择点击率和转化率较高、竞争度适中的词即可。

## 4. 同行店铺的商品标题

有一些标准类商品类目的关键词本身就很少，所以卖家可以拆解优秀同行的商品的标题，进行行业数据分析，再选择合适的关键词。

## 6.1.5　提升商品权重

商品权重就是平台根据商品表现给出的一个估值，可以用于评估商品获取流量和排名的能力。

影响商品权重的因素主要包括销量、店铺转化率、服务指标、点击率、相关性等。

（1）销量是很重要的因素。因为平台需要通过商品销量来判断买家是否喜欢这个商品，销量高了，商品权重自然而然也就高了。

（2）店铺转化率也是一个非常重要的因素。两个商品，在点击量相同的情况下，卖得多的商品的店铺转化率自然更高，说明其更受买家的喜爱，平台就会给其更高的权重。

（3）服务指标。服务指标包括店铺资质、DSR、客服服务、售后服务、发货速度、评价等。

（4）点击率。点击率其实和销量、店铺转化率一样，也是平台判断买家是否喜爱商品的标准之一。

（5）相关性。相关性筛选是指不相关的商品，系统会直接屏蔽，比如买家搜索"刮胡刀"，如果卖家是做"女鞋"的，就会被直接屏蔽。

# 6.2　站内优化

优化店铺的方法有多种，既可以付费推广，也可以充分利用站内流量来增加商品曝光度。

## 6.2.1　全面解析拼多多流量来源

拼多多的流量包括自然搜索流量、活动流量、广告流量、个性化推荐流量和其他流量。

### 1. 自然搜索流量

自然搜索流量是精准流量，不过如果商品排名低，在拼多多没太多被展示的机会就很难获得搜索流量。搜索流量是平台的主要流量。买家搜索关键词后，相关商品就会展示在搜索结果页面，是典型的"人找货"模式。

## 2．活动流量

　　卖家如果想在拼多多获得大量流量，肯定是需要参加活动的。平台会提供营销活动资源位流量，卖家的商品就会在 App 首页的限时秒杀、断码清仓、9块9特卖等频道展示。图6-15 所示为限时秒杀活动。卖家要尽量多参加各种活动，特别是新品活动，这是平台专门为新品准备的活动，只要能够成功参加活动，那么流量就不会少。图6-16 所示为新品活动。

图 6-15

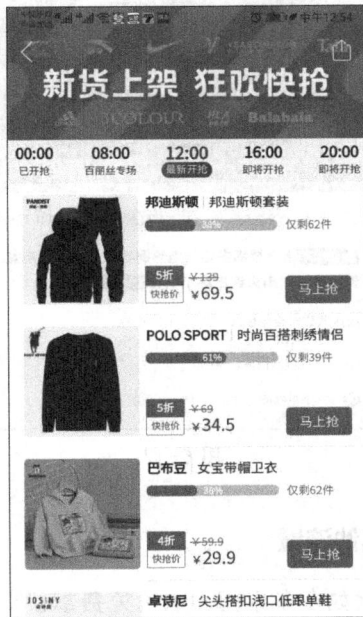

图 6-16

## 3．广告流量

　　目前网店竞争越来越激烈，获取免费流量对于中/小卖家来说可能有点困难。很多大卖家使用付费广告后，才能得到快速发展，比如多多搜索、多多场景、明星店铺等，卖家在这些地方投放广告就能获得流量。

## 4．个性化推荐流量

　　将"人找货"模式换成"货找人"模式，这就是所谓的个性化推荐流量。卖家必须去迎合精准流量的展现与推送，即满足所谓的"千人千面"逻辑，根据买家的支付、浏览、收藏等行为，在类目分类页、商品详情页下面推荐展示相似商品。图 6-17 所示为某商品的详情页，其底部的"相似商品"就属于个性化推荐流量，如图 6-18 所示。

图 6-17

图 6-18

### 5. 其他流量

比如多多果园、砍价免费拿、微信群以及多多进宝等通过社交活动带来的流量。

## 6.2.2 拼多多的"千人千面"逻辑

"千人千面"是拼多多自然搜索排名的一种规则。目前拼多多的自然搜索排名的工作原理为通过人群标签匹配商品标签来干预商品在搜索结果页的排名，实现"人货匹配"。

拼多多会根据买家行为推荐商品。简单来说就是买家仔细浏览过什么商品，收藏过什么商品，买过什么商品，就给买家推荐什么商品。如买家最近一直看连衣裙，平台就会给买家推荐连衣裙，买家看的是蕾丝连衣裙，平台会给买家推荐更多的蕾丝连衣裙，其中一部分可能会是雪纺连衣裙。

拼多多目前就只有动态标签，那动态标签是什么呢？动态标签是以买家当前行为为指向而形成的标签。例如买家之前经常买运动鞋，所以买家一搜男鞋系统就会优先给买家展示运动鞋。但是买家最近搜索了皮鞋，并且深度浏览还收藏了，那么买家的动态标签就会发生变化，系统开始给买家推荐皮鞋。

拼多多的商品标签主要由类目标签、属性标签和价格标签 3 个部分构成。

首先最重要的是类目标签，这属于最基础的商品标签，卖家发布的商品类目，一定要与商品相匹配，否则无法获得精准流量，更谈不上点击和转化了。

其次是属性标签，属性标签包含了非常多的重要元素，如品牌、主风格、适用年龄、面料俗称等，如图 6-19 所示。商品属性填写是否精准，对于流量精准性的影响非常大；精准、完整地填写商品属性，才能得到更多的精准流量。

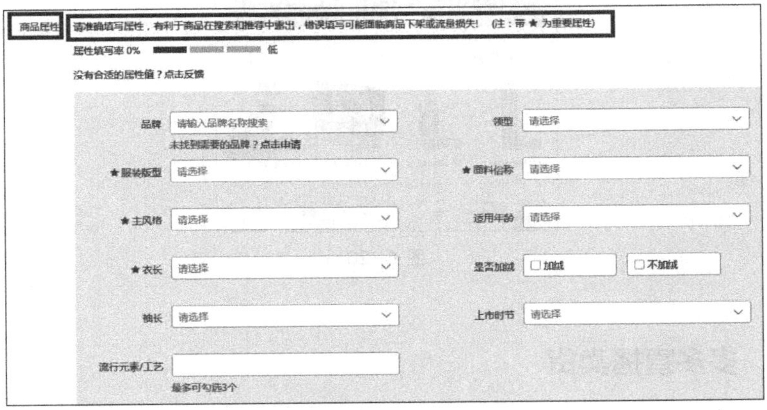

图 6-19

最后每个商品都会带有一个价格标签，系统会给每个商品打上一个价格标签，以此判断商品属于低客单价、中客单价，还是高客单价。

## 6.2.3　拼多多小程序推广

微信用户数量巨大，有很多卖家利用小程序流量红利赚得盆满钵满。目前，微信正在不断强化小程序的地位，小程序在获客、留存和变现上有强大的能力和广阔的发展空间。微信提供了多种小程序推广渠道，卖家如果使用得当，便可轻松获得一定的流量。借助微信平台的力量，卖家可以通过扫码推广、分享推广、公众号推广等方式获取小程序的流量。

拼多多用小程序来开展拼单、秒杀、砍价等优惠活动，以激发买家的积极性，实现快速裂变。这种玩法可在较短时间内获取庞大的精准用户，后期卖家可借此进行精准营销。图 6-20 所示为拼多多小程序的主界面，基本与 App 的功能一致。

图 6-20

## 6.2.4　多多直播卖货

拼多多最近开通了直播卖货功能，正式进入直播电商这个舞台。各个卖家已经纷纷开始直播卖货。卖家边直播边卖货，让买家看一看瞧一瞧，买家大多都会顺手买几件喜欢的东西。有的主播在一两个小时的直播中就能卖出一两千万元的商品。目前直播卖货有越来越火的趋势，不管是高端奢侈品还是低端亲民的小众品牌，都纷纷瞄准了直播卖货这块"肥肉"。

直播卖货跟传统的图文介绍或者视频宣传相比，有了更真实的场景代入感和视觉冲击感，真实可见的商品让买家更快地做出了购买决策。很多买家不了解的产品功能会通过直播的方式被直接有效地展示出来。买家面对的不再是冰冷的货架，或者是单品推荐，而是丰富的内容型商品推荐。直播卖货最大的优势就是可以快速地聚粉、沉淀和互动。图 6-21 所示为卖家通过多多直播营销商品的情景。

图 6-21

直播前,主播要足够了解准备直播的商品的具体卖点,最好是提前演示一番。如果准备直播 1 小时,建议准备 10 件左右的商品。

衣着方面:主播要注意仪容仪表,要给买家良好的视觉感受;直播背景可以利用一些温馨舒适的生活道具来搭建;直播间的灯光要柔和适中,再搭配轻声的流行音乐,营造一种自然放松的氛围。

商品活动方面:一般建议挑选几个主打商品,从中选出一个商品来做活动,再选几个新上架的商品做推广。

# 6.3 站外推广

拼多多的站外推广渠道非常多,比较常见的有微博、微信朋友圈、微信群、QQ 签名、QQ 群相册、短视频等。

## 6.3.1 利用微博推广

以微博作为推广平台,每一个微博"粉丝"都是营销对象,卖家利用微博向"粉丝"传播商品信息，树立良好的店铺形象和商品形象。如今在人们的生活和工作中，微博是必不可少的社交工具，凭借着众多优点，微博越来越受卖家和企业的青睐。利用微博营销有哪些特点呢？

## 1. 立体化

卖家在微博上可以借助多种技术手段，使用文字、图片、视频等形式对商品进行介绍，从而使潜在买家更直接地获得信息。

## 2. 传播迅速

微博最显著的特征之一就是传播迅速。一条热度高的微博，在短时间内就可以得到广泛传播。

## 3. 互动性强

在微博平台上，卖家能与"粉丝"即时沟通，及时获得"粉丝"的反馈。

## 4. 便捷性

利用微博营销优于传统推广，无须严格审批，从而节约了大量的时间成本。

## 5. 效率高

利用微博营销能解决店铺商品的常见问题并提高效率，能帮助卖家和买家快速建立互相了解的渠道。

## 6. 操作简单

在微博上发布信息很便捷，卖家只需要简单构思，就可以完成一条信息的发布，这点就要比发博客方便得多。毕竟构思一篇好博文，需要花费很多的时间与精力。

## 7. 广泛性

卖家在微博上可以通过"粉丝"进行"病毒式"传播，同时名人效应能使事件传播效果呈几何级放大。

## 8. 低成本

利用微博进行营销的成本相对较低。

## 6.3.2　利用微信朋友圈推广

现在微信朋友圈中的商品同质化现象严重，因而竞争激烈，是需要卖家花心思脱颖而出的时候了。如果卖家想获得长远的发展，用心打造微信朋友圈是必须要做的。

随着微信平台影响力的不断增大，朋友圈营销成了微信营销的重中之重。利用朋友圈做生意主要靠互动，互动的目的是提升买家对商品的信任度，信任度越高，越容易成交。朋友圈的互动包括点赞、评论、回复、转发等。

下面介绍朋友圈互动营销的技巧。

### 1．常规互动

（1）及时回复朋友的评论。

（2）主动为朋友发布的文章点赞、评论。

（3）主动参与朋友发起的活动。

（4）重要的节日不要忘记送上祝福。

### 2．小游戏互动

（1）小游戏：可以多关注微信中的小游戏，有好玩的小游戏第一时间分享至朋友圈，晒晒自己的战绩，与朋友互动。

（2）自由发挥类：有条件的还可以举办有奖竞猜的活动，朋友猜中就送小礼品，或者举办抽奖活动。

### 3．鼓励买家自己分享

卖家可以通过一定的激励方式，鼓励买家转发分享朋友圈的营销信息。这样可以让更多的潜在买家看到卖家的商品及其使用效果。

### 4．引出讨论话题

卖家采用直接刷屏的方式进行营销会引起好友的反感，所以最好的办法是先设计一个话题，让大家讨论，引起大家的兴趣。

例如，卖家是销售护肤类商品的，在秋冬季的时候，可以发一条朋友圈，设计一个话题，如秋冬季补水为什么会过敏？有了话题后，一定要发动尽可能多的人参与到讨论中来，只有参与进来，才有可能成交。

**5. 运用"饥饿营销"**

买家的消费习惯一般是买涨不买跌，所以卖家一定要运用好"饥饿营销"这个方法。在微信营销中"饥饿营销"可以以"商品抢购"的形式出现，在朋友圈中引入"限量限时"抢购的规则来提高大家的参与度；也可以在微信朋友圈中开展限时抢红包或免费赠送的活动。"饥饿营销"的引入对微信朋友圈中的好友的心理会产生相应的影响，从而在心理上促使他们参与到朋友圈的互动中来。

**6. 培育亲密关系**

培育亲密关系的主要方法有以下两种。

（1）培育消费达人、买家代言人等，让其参与到新品上市测试、线下活动内测等运作中来，一方面增加买家黏性，另一方面强化网店与买家的亲密关系。

（2）鼓励买家积极参与反馈，在商品包装上印刷相关二维码，在朋友圈中进行必要的调研，积极听取买家的意见和建议，以便更好地改进网店商品及提供更优质服务。

**7. 发布生活中的事情**

生活中的点滴创意和琐碎事情如果能够被加以利用，在合适的时间和合适的地点发布到微信朋友圈中，也能够引来流量，从而提升微信朋友圈的活跃度。

## 6.3.3 微信群营销推广

在微信平台中，利用微信群引流可谓是最高效、最快捷的一种方法。图6-22所示为在某电商微信群中进行营销。

微信群是从事微信营销必备的一个工具，用好了可以实现销售额的快速增长，用不好就是"一潭死水"。如何让微信群发挥出最大的能量？那就是运营好微信群。

**1. 完善群规则**

无规矩不成方圆，建立微信群前要制定一个群规，要告诉进群的群友，进群聊天需遵守群规。很多微信群就是因为没有正式的群规，进群后对群友的行为没有一个很好的规范，导致群中乱发广告、私下拉人等行为比比皆是。

所以需要给新进入群的人做一个言简意赅的规定，比如写一篇"××群新人必知必读"的文章并做成模板收藏，在需要的时候马上发到群中，让那些刚进群的人一目了然。

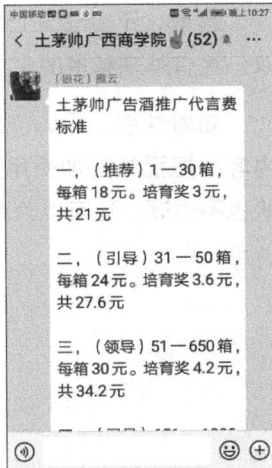

图 6-22

## 2. 为群友提供价值

人们进入一个群，不外乎有以下几个目的：学习知识、掌握新的资讯、拓展人脉、寻找一些新的项目或者机会。因此，群成员要能提供有价值的东西。

（1）群成员自我介绍：内容包括姓名、城市、做什么行业、有什么资源、想要获得什么；这是最基本的介绍，找项目的人和要拓展人脉的人，一看其自我介绍就知道了。

（2）帮助群成员推广：可以先从那些活跃的、比较支持群的人开始，把他们的名片发到群里，或者组织大家在自己的朋友圈里相互推荐，同时组织群里的朋友都相互加为好友，这样就满足了群内成员拓展人脉的需求。

## 3. 组织活动

高质量的微信群肯定会组织线上或线下互动，和线上的互动相比，在线下认识群友更能培养群友之间的感情以及促成商业合作等。

## 4. 群升级

如果我们的微信群一直都是不温不火的状态，那就重新建立一个群，告诉大家，我们准备在一个新的群里做活动。真正关注这个群的人会跟着你走，当然，做好微信群升级一定要给大家留有足够的时间，最好全部提醒一遍，这样在原本的群中活跃的群友才会被筛选进入一个新群，才可以帮助你保持新群的热度。

## 6.3.4 利用短视频推广

随着移动互联网的快速发展与普及，短视频营销正在成为新的营销风口。短视频适合在碎片时间观看，信息量集中，也越来越能吸引用户。同时，短视频缩短了品牌到用户之间的传播路径，提升了广告点击率。

目前，不少企业已经意识到短视频是提升品牌知名度的最佳方式之一，所以已经有越来越多的企业开始使用短视频开展市场营销活动。

随着快手、火山、好看、抖音、西瓜视频等短视频 App 的走红，有趣、有内容的短视频更加受用户的欢迎。如果卖家能将商品巧妙地植入其中，既不尴尬也不生硬，还可以为商品带来一定的曝光，甚至转化。

# 第 7 章　促销策略和营销工具

　　近年来，虽然拼多多网店的数量与日俱增，但许多网店由于缺乏经营意识，只是昙花一现。网店同传统的商店一样都需要精心打理，因此，制定适合拼多多网店的促销策略就显得十分必要。本章主要讲述拼多多网店的促销策略和营销工具。

# 7.1　促销的作用

促销就是卖家向买家传递有关店铺及商品的各种信息，说服或吸引买家购买其商品，以达到提高销售量的目的。促销实质上是一种沟通活动，即卖家发出刺激消费的各种信息，将信息传递给一个或更多的买家，以影响其对商品的态度和消费行为。

## 7.1.1　促销有什么好处

经常逛街的朋友都知道，商场、超市经常做促销活动，平日里促销活动的力度小些，逢年过节的促销力度大些，很多网店也都在做促销活动。那么促销活动到底能给网店带来哪些好处呢？

（1）可以激励买家的第一次购买行为。买家第一次进入一家店铺购买商品时，心中存在的疑虑是很多的，但促销活动可以调动买家的购买热情，让买家忘掉疑虑选择购买。

（2）可以让以前购买过的买家再次购买。在商品质量没有问题的基础上，已经购买过的买家对你的店铺的疑虑是比较少的，但是消费需求是有周期性的，一场成功的促销活动可以让买家坚定再次购买的信心，也可以让买家的消费周期缩短。

（3）可以帮助卖家用最短的时间抢占市场份额。任何一场促销活动都是以提高销售量或者销售额作为最终目的的，好的促销活动可以带来更多的买家，也可以提高买家的平均购买金额。有新商品上架时，卖家也可以利用促销活动快速打开市场。

（4）可以帮助卖家更好地执行"加一销售法"。"加一销售法"的目的和促销活动的目的其实是一样的，就是想办法让买家产生第一次购买行为并且尽量让其多买一些，一场成功的促销活动可以让"加一销售法"的效果翻番。

（5）可以利用促销活动给予买家实实在在的好处。

## 7.1.2　什么时候最适合做促销

促销虽好，但不能任何时候都用，如果每天都在搞促销，先不说利益的问题，促销本身就没有什么意义了。一般来说，促销的最佳时机有以下几个。

## 1. 节日促销

节日促销是现在卖家惯用的手法，尤其是像国庆节、中秋节、劳动节、元旦等重大节日，更是成为卖家促销的理由。图 7-1 所示为某卖家在中秋节进行的促销。

图 7-1

当然，卖家进行节日促销也要结合自身商品的实情及买家的特征来进行，比如你是卖女装的，在父亲节进行促销显然不对。

## 2. 新品促销

新品促销可以作为店铺长期的促销活动，因为一个用心经营的店铺总是会源源不断地推出新品。新品促销既能加快商品的售卖速度，也利于提高过往买家对店铺的关注度，从而提高他们的忠诚度。

新品上架第一阶段，如果没有一个恰当的促销时机，可能新品就很难成功上架。促销的最佳时机定在新品上架一个月后,即铺货率能达到50%左右的时候。

## 3．季节性商品促销

季节性明显的商品都存在淡季和旺季之分，每一年都在重复着淡季和旺季这种规律。

店铺在旺季开始前期，需要对市场进行一定的告知性促销，以预热市场，目的是使商品能够顺畅地流入市场，达到营销的前期效果，为旺季的到来奠定基础，甚至达到提前进入旺季的效果。图 7-2 所示为某卖家的凉鞋促销界面，夏季为凉鞋的销售旺季，在此时促销是很好的时机。

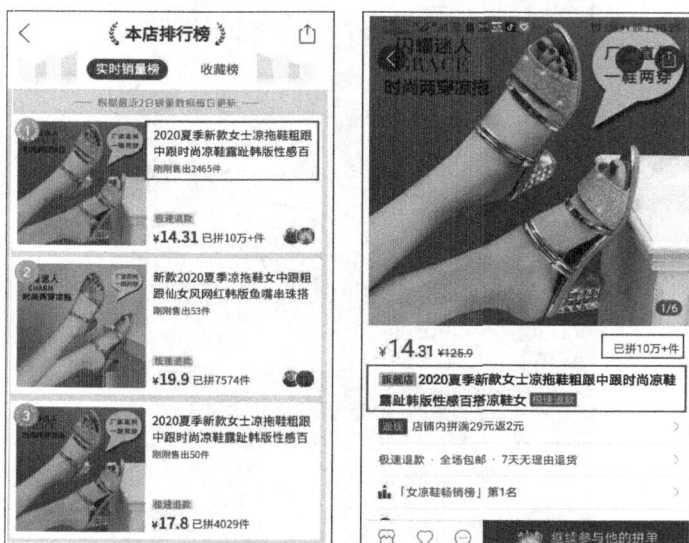

图 7-2

在商品的销售旺季正式开始时，店铺必须把握好这个时机，在进行主打商品促销的同时，还可以利用低价策略促销其他商品。

## 4．店庆

在店铺开张周年庆时，可以进行促销优惠。此时不仅可以进行比较大的促销，还可以向买家展示店铺历史，增加买家对店铺的信任。

## 5．换季清仓

一些季节性强的商品的换季促销活动力度一般都会比较大，而买家显然也很乐于接受换季清仓这类促销活动。

### 7.1.3 什么样的商品适合促销

什么样的商品适合促销呢?

## 1. 款式大众化,有众多潜在买家

重点促销的商品最好是市场大、目标买家的范围较广的商品,将新奇或者个性化的商品作为人气商品进行推广还存在一定的难度。如果选择的商品都是一些没有多少人会喜欢的冷门商品,甚至是卖不出去的商品,即使价格非常低,但因为缺乏吸引力,这样的商品也只能进行甩卖处理,不要指望它们能带来流量和人气。

## 2. 质量过关,和品牌商品性能相当

虽说是促销商品,但买这个商品的买家有可能会成为回头客,或者本身就是你的老客户,如果促销商品的质量不过关,滥竽充数,不仅很难有回头客,还有可能招来差评,这对店铺的长远发展极为不利。

## 3. 促销商品最好是店铺的主营商品

如果店铺主要是销售女鞋的,促销的商品选择女鞋就很合适;如果你选择一款男装来做促销,吸引进来的多是男性,就很难带动女鞋的销量。图 7-3 所示为某女鞋店铺进行的女鞋促销。

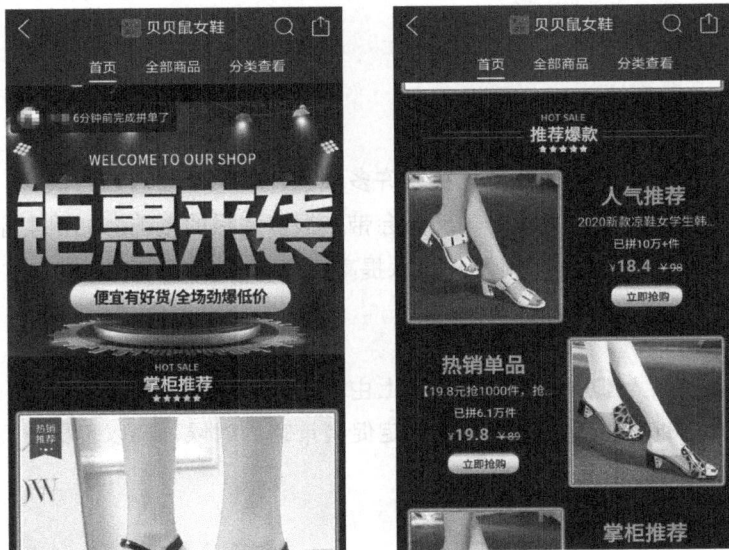

图 7-3

#### 4．符合当前潮流趋势

　　卖家如销售含有当前热门的时尚元素的商品，则更容易被大众接受，对成交也有促进作用。所以建议卖家在推广商品时选取符合潮流的种类，这样能够带来更好的效果，吸引更多的买家购买。

#### 5．具有一定的历史购买记录和买家评价

　　由于买家在网购过程中无法看到实物，除了通过图片和文字来了解商品外，历史购买记录和其他买家的评价也是买家是否会购买的重要依据。所以在可行范围内，卖家应尽量让买家认真填写对商品的评价。

#### 6．货源充足

　　促销对提高商品的销量有推进作用，但同时也会产生滞后购买效应，所以库存充足是开展促销活动时不可忽视的问题。卖家要有充足的货源，并且能够保证商品在销售过程中不会出现缺货的情况。

#### 7．在销售价格上具有优势

　　促销为商品争取到了更多的展示机会，如果商品有价格优势，那促销对成交的推动和成本的控制都会有一定的积极作用。如市面上大部分雪纺衫的价格都集中在 60 ～ 100 元，如果卖家的商品成本可以控制在 50 元以下，则其促销优势会更大。

### 7.1.4　促销中的常见误区

　　在开展促销活动的过程中，存在许多误区，若卖家陷入这些误区，不仅不会对店铺的销售产生推动作用，反而会带来很多消极的影响。如果卖家在促销过程中能够避免这些误区，则可以大大提高促销的效果，提高销售额。

#### 1．误以为每个人都是买家

　　理论上，人人都是买家，但实际上由于年龄、性别、环境等因素，每个人的需要都大不相同。因此，卖家在制定促销策略的时候，要以目标市场买家的特点、购买力等为依据。

#### 2．夸大商品优点，隐瞒商品缺点

　　买家是店铺的利润来源，是店铺的生存之本。然而，有一些卖家却认为买

家什么都不懂，只要把商品卖出去就行了。甚至有些卖家为了促销商品，采取了极力夸大商品的办法，大肆夸大商品的某些优点，隐瞒商品的缺点。事实上，无论是在拼多多，还是实体店中，买家对商品都已经非常了解了，买家不仅可以从众多同类商品中选出自己喜爱的商品，而且还可以凭自己的主观感受来选择自己想要购买的商品。如果卖家言过其实，甚至故意欺骗隐瞒，那么对自己也没有什么好处。因为买家如果对这次的购物体验不满意，有可能会给你差评，下次也就不再光临你的店铺或购买你的商品了。

### 3. 售后服务差

在促销过程中，售后服务也同样重要。许多卖家在向买家促销商品时，会向买家做出各种各样的承诺，以打消买家的顾虑，促使其尽快做出购买决定。但是，一旦买家掏钱购买后，他们就把自己所做的承诺抛到了九霄云外。

### 4. 与买家争利

有些卖家在促销过程中对买家毫不让利，甚至与买家争利，这样的结果只能是将买家拒之门外。

对于卖家来说，只有拥有了比较稳定的客户群，才能够获得相应稳定的利润。稳定的客户群是怎样获得的呢？只要给买家一点"甜头"，就能获得他们的好感，他们会再次光临你的店铺，从而成为店铺的回头客。

### 5. 缺乏对目标买家的市场细分

现在网上开店的人多，网上的买家也不少。没有多少店铺的商品是面对所有买家的，基本上每家店铺都有自己的特殊消费群体。而很多店铺的促销活动想把所有买家"一网打尽"，其实这是促销的误区。所谓"多就是少，少就是多"，店主的财力、人力是有限的，"全面开花"往往会顾此失彼，达不到预期的效果。

## 7.2 营销工具实战

在卖家后台管理页面的【店铺营销】|【营销工具】中，包括了各种常见的营销工具，卖家可以选择适合自己的营销工具，如图 7-4 和图 7-5 所示。下面就介绍一些常见营销工具的实际使用方法。

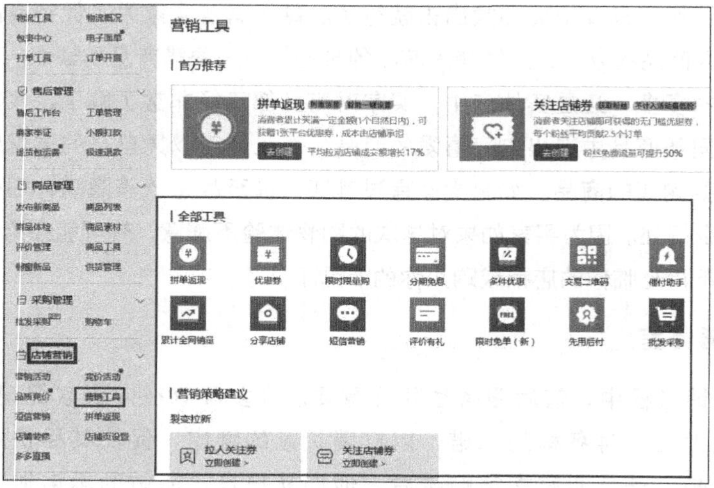

图 7-4

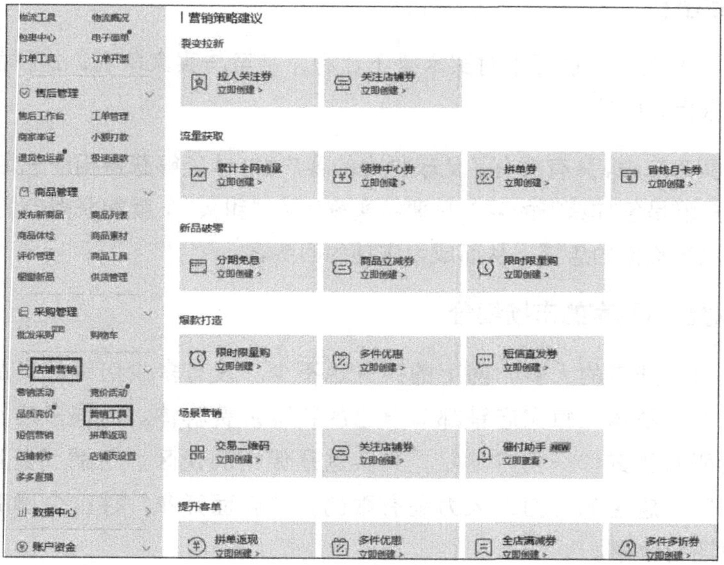

图 7-5

## 7.2.1 拉人关注券

拉人关注券是买家主动发起站外分享，帮助店铺拉取站外"粉丝"，拉取一定数量"粉丝"后，可获赠一张无门槛店铺券。通过优惠券激励买家分享，店铺能获取一定数量的潜在的站外"粉丝"。

设置拉人关注券的具体操作步骤如下。

（1）进入【卖家后台】|【店铺营销】|【营销工具】页面，单击【优惠券】，如图 7-6 所示。

图 7-6

（2）进入【优惠券概览】页面，可以看到很多种优惠券类型，这里单击【拉人关注券】下的【立即创建】按钮，如图 7-7 所示。

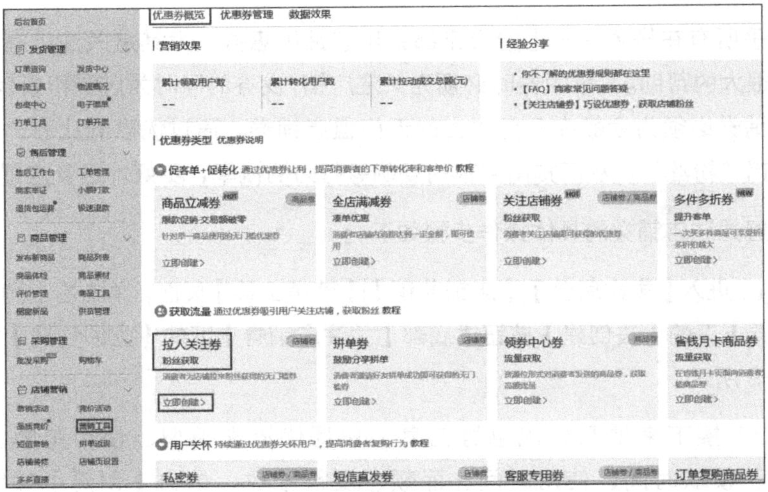

图 7-7

（3）接下来填写好优惠券信息，包括优惠券类型、优惠券名称、领取时间、使用时间、每日上限、发行总量、拉新粉丝数、面额，单击【创建】按钮就可以了，如图 7-8 所示。

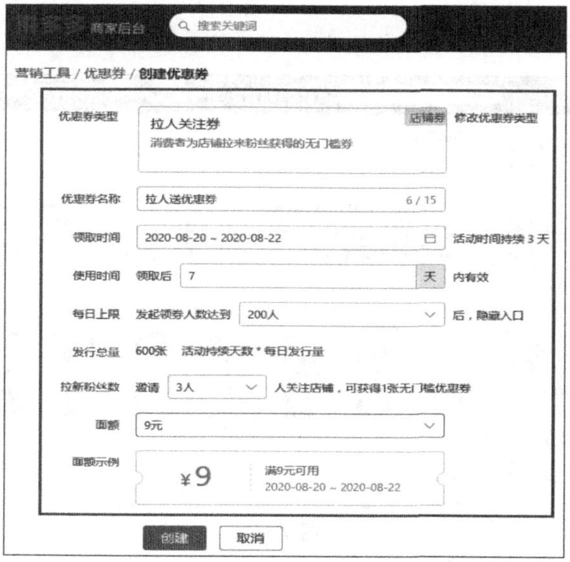

图 7-8

## 7.2.2　关注店铺券

几乎所有在拼多多开店的卖家都会用店铺优惠券，尤其是关注店铺券，对吸粉有很大的帮助。买家领券时必须先关注店铺，发券的同时为店铺积累"粉丝"，关注店铺券必须为金额在 5 元以上的无门槛店铺券。通过优惠券让利，卖家能积累店铺"粉丝"，从而提高买家的复购等行为的概率，更好地经营店铺。

设置关注店铺券的具体操作步骤如下。

（1）进入【卖家后台】|【店铺营销】|【营销工具】页面，单击右上角的【关注店铺券】下的【去创建】按钮或底部【关注店铺券】下的【立即创建】按钮，如图 7-9 所示。

（2）接下来填写好优惠券信息，包括优惠券类型、使用范围、优惠券名称、领取时间、使用时间、面额、发行张数，单击【创建】按钮就可以了，如图 7-10 所示。

图 7-9

图 7-10

设置的使用时间可以配合促销或推广活动，以增加店铺的关注量。

（1）针对活动商品，告知买家关注店铺可及时用活动价抢到商品，引导买家关注。假设卖家将要参加秒杀活动，活动前可以在商品详情页或其他位置宣传"提前关注店铺，活动开始可以以 ×× 价格及时抢到 ×××"，引起买家关注店铺及商品。这样做不仅吸引了有购买需求的买家关注，同时还对活动进行了预热。

（2）店铺在做推广的时候，会有一波付费流量进入店铺，所以卖家要利用关注店铺券，它一方面能提升店铺的转化率，另一方面能增加新"粉丝"。

（3）对于那些曾和店铺有过交集但没有关注店铺的买家，卖家可以给其发送一条短信，利用店铺关注券的无门槛优惠刺激这部分买家主动关注店铺。

## 7.2.3 评价有礼

评价有礼是指买家在下单收到货之后给出一个图文评价，店铺会向买家赠送一张3元优惠券，这3元优惠券的成本是由卖家自己承担的。

卖家设置评价有礼后，可以有效提升商品的转化率及复购率，安全快速地提升商品销量。通过发放3元优惠券，卖家能鼓励买家对商品进行评价，为店铺积累评价内容。

设置评价有礼的具体操作步骤如下。

（1）进入【卖家后台】|【店铺营销】|【营销工具】页面，单击【评价有礼】，如图7-11所示。

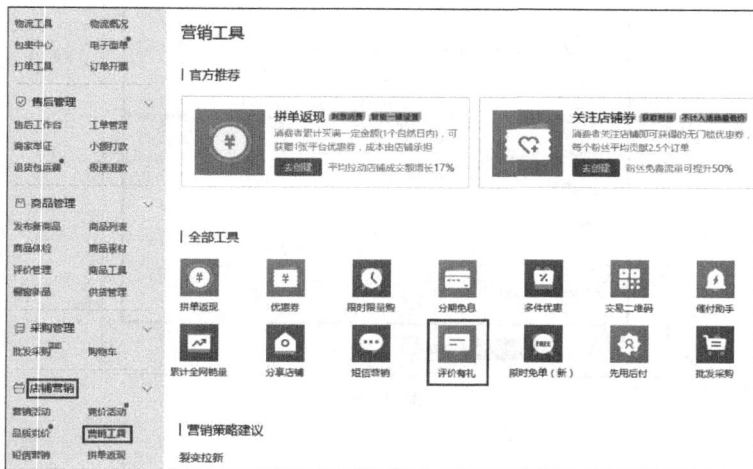

图 7-11

（2）进入【评价有礼】页面，单击【立即开启】按钮，如图7-12所示。

（3）接下来填写活动信息，包括开启时间、活动商品、发行张数，填写完成后单击【去支付】按钮，如图7-13所示。

优惠券发行张数可以是1~2000张。发行得越多，需要充的钱就越多。活动预算就是你发行的优惠券张数乘以返现金额，返现金额为3元，如果发行

1000 张，活动预算就是 1000×3=3000 元。

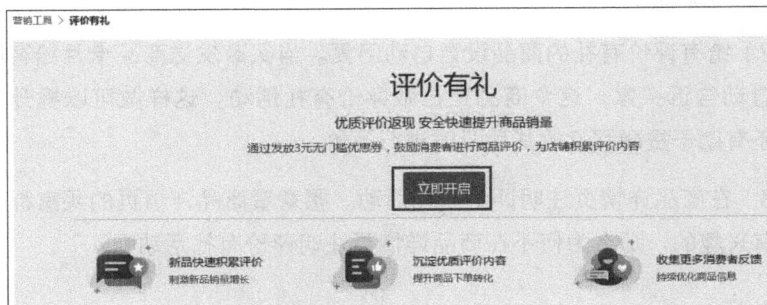

图 7-12

图 7-13

设置了评价有礼后，订单页会有"评价有礼"的提醒字样，买家在评价时就会看到。但是怎样让更多的买家提前知道你的店铺有评价有礼的活动呢？主要有以下 3 种方法。

（1）直播间介绍新品时告知。评价有礼非常适合为新品累积评价，主播在直播间介绍新品的时候，可以告知观看直播的买家这款商品设置了评价有礼。比如在介绍完商品后，主播可以这样说：

"购买这款商品，还有额外的 3 元优惠券，限量 500 张，你只需要晒出真实优质的评价就可以获得。"

这样不仅告诉了买家新品的评价有礼活动，而且 3 元优惠券也变相成为鼓励买家下单的工具。

（2）给有评价有礼的商品设置自动回复。当买家发送商品卡片给客服时，系统将自动告诉买家，这个商品正在做评价有礼活动，这样做可以提升询单转化率，还有助于提醒买家收货后及时进行评价。

（3）在商品详情页注明评价有礼活动。愿意看商品详情页的买家都是对你的商品有兴趣的，那么为何不在商品详情页注明评价有礼活动呢？

## 7.2.4　多件优惠

多件优惠可针对某商品设置阶梯优惠，能有效刺激客单价。多件优惠是仅限于在同一店铺对单一商品进行多件购买后才会生效的优惠活动。设置多件优惠的具体操作步骤如下。

（1）进入【卖家后台】|【店铺营销】|【营销工具】页面，单击【多件优惠】，如图 7-14 所示。

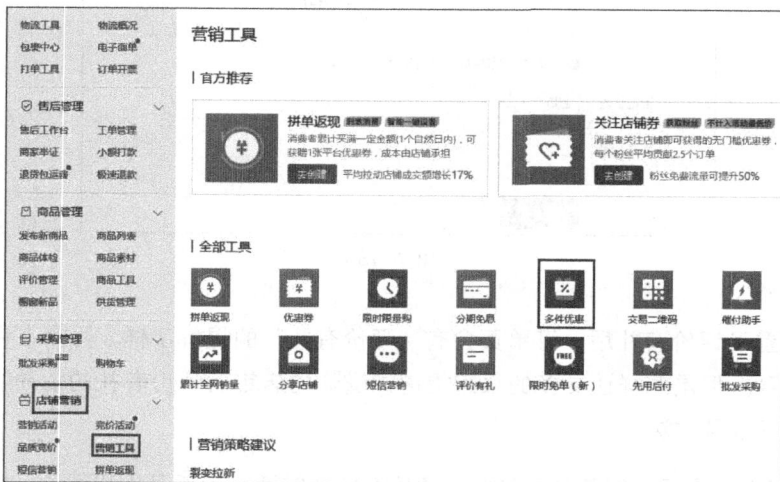

图 7-14

（2）进入【多件优惠】设置页面，单击【创建】按钮，如图 7-15 所示。

（3）填写优惠活动信息，包括活动时间、活动商品、优惠设置、活动备注，设置完成后单击【创建活动】按钮，如图 7-16 所示。

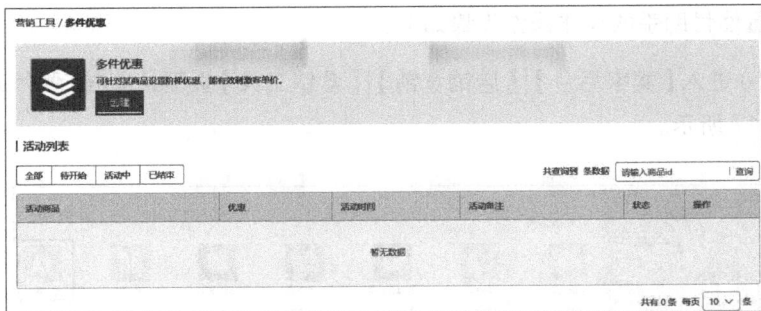

图 7-15

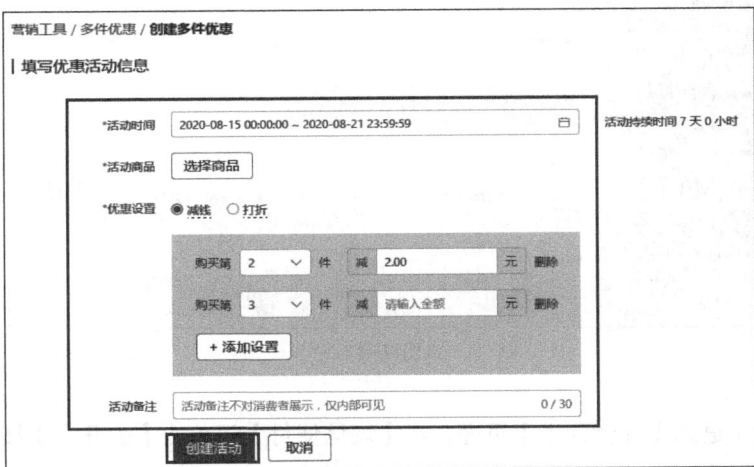

图 7-16

在设置多件优惠时，如果设置了多个阶梯，商品标题旁只会展示第一个阶梯的内容。如多件优惠设置两个阶梯：买2件减1元、买3件减2元，那么在商品标题旁只会展现"买2件减1元"的内容。

## 7.2.5　催付助手

催付是网店交易中非常重要的一个环节，如果未能及时催付，会很容易导致订单流失，是不利于提升店铺转化率的。拼多多卖家可以预先设置并开启催付助手，由系统判断待支付订单是否满足催付规则，若满足规则就提示客服，客服可以一键批量催付，从而高效减少订单流失。目前使用催付助手的卖家，平均挽回流失率约25%。催付需要多、快、准，催付越快，转化率越高。

设置催付助手的具体操作步骤如下。

（1）进入【卖家后台】|【店铺营销】|【营销工具】页面，单击【催付助手】，
如图 7-17 所示。

图 7-17

（2）进入【催付助手】页面，在【短信催付】下单击【去开启】按钮，如
图 7-18 所示。

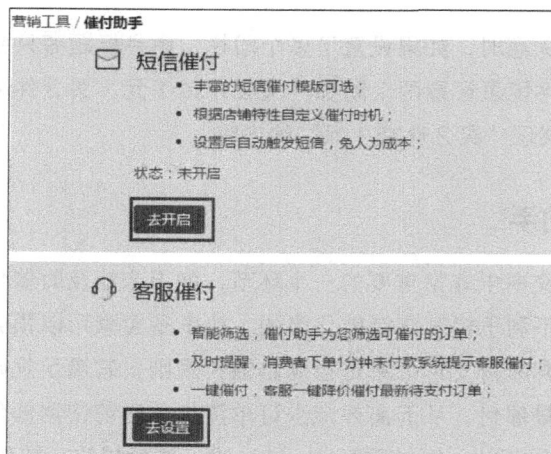

图 7-18

（3）接着设置短信付款提醒信息，如图 7-19 所示。

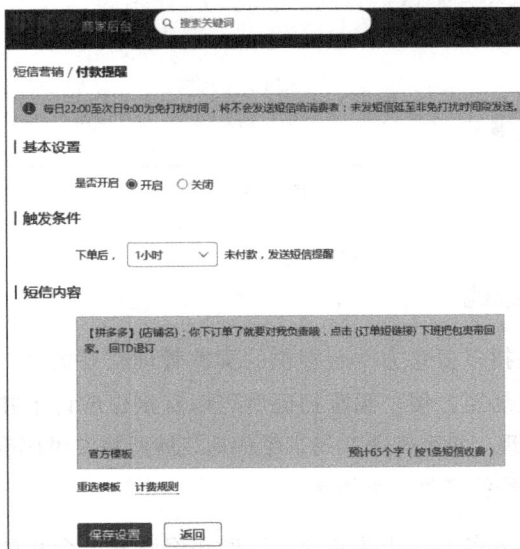

图 7-19

（4）设置【客服催付】，在【客服工具】页面中单击【编辑】按钮，如图 7-20 所示。

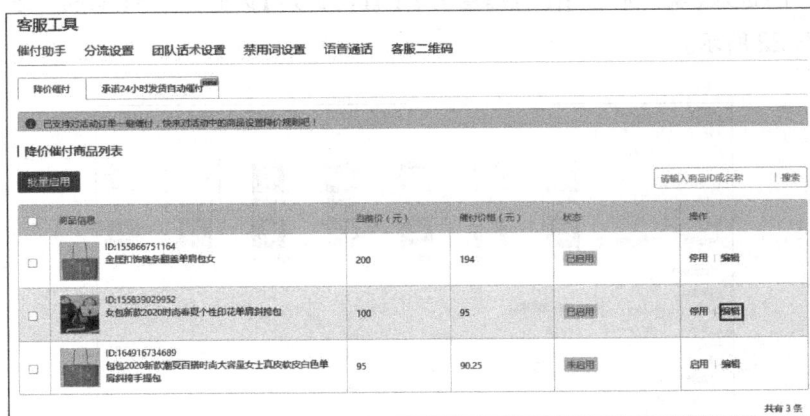

图 7-20

（5）编辑商品降价优惠信息，系统会给出一个推荐的折扣价，卖家可根据情况进行修改，最终催付时以设置好的折扣价为准，如图 7-21 所示。

图 7-21

## 7.2.6 交易二维码

交易二维码是拼多多官方平台提供的卖家管理交易的综合工具。拼多多交易二维码可以让交易更方便，买家扫码后可以直接生成订单并付款给卖家，资金到账后能随时提现。卖家开通交易二维码后，就能将二维码轻松分享给买家，但只有满足特定场景的订单才能使用。

比如一个在拼多多上开店的卖家，同时也经营着一个实体店或在其他平台上开店。在实体店或其他平台上的店铺有交易的时候，卖家可向买家展示交易二维码，买家扫码后能直接在拼多多店铺生成一个订单完成交易。

设置交易二维码的具体操作步骤如下。

（1）进入【卖家后台】|【店铺营销】|【营销工具】页面，单击【交易二维码】，如图 7-22 所示。

图 7-22

（2）进入【交易二维码】页面，单击【确认开通】按钮，如图 7-23 所示。

图 7-23

（3）进入【交易二维码】详情页面，单击【下载二维码】按钮，如图 7-24 所示。

（4）生成并下载店铺专属二维码，让买家扫码付款，如图 7-25 所示。

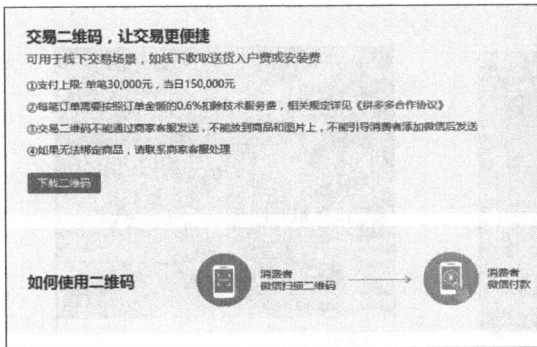

图 7-24

微信支付

图 7-25

# 7.3 网店常用的其他促销策略

制定网店的促销策略是一门学问，除了前面讲述的促销方法外，还有哪些促销策略呢？

## 7.3.1 在销售旺季热卖的促销方法

几乎任何网店的生意都有特定的销售周期，有着明显的淡季和旺季。一般说来，旺季的营业额占营业总额的 70% 以上。旺季促销是很多卖家经常使用的手段，网店在旺季必须要做到热卖。

旺季热卖有如下几点需要注意。

（1）提前准备好商品，保证货源充足。这可以说是在旺季实现热卖至关重要的一点。

（2）及时发掘出重点推荐商品，要首先保证这类商品的货源充足。

（3）保证充足的营业时间。营业时间也是影响网店销量的重要因素。网店的营业时间并不像实体店那样有限制，卖家可以根据自身条件灵活定制，尽量保证充足的营业时间。特别是旺季时更应该保证充足的营业时间，网店商品才有可能热卖。

（4）要在网店内营造热卖气氛。要搭配一些促销或优惠活动，不一定要多但一定要有。掌握买家的购物心理，对网店活动进行人性化合理设置，会起到不错的辅助成交的效果。图 7-26 所示为在销售旺季开展买一送一、返现、极速退款、全场包邮等促销活动。图 7-27 所示为在销售旺季开展满减、退货包运费、全场包邮等促销活动。

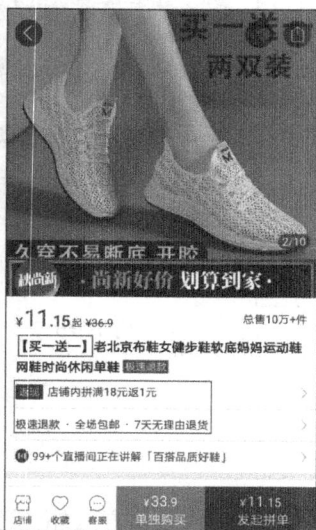

图 7-26

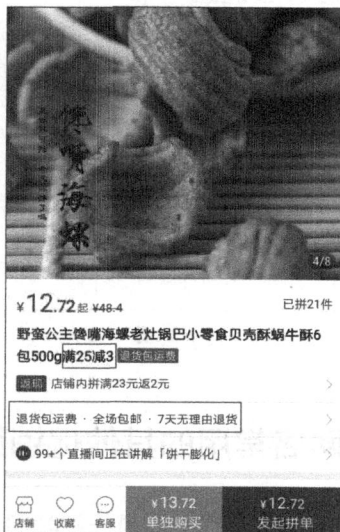

图 7-27

（5）网店经营是否顺利，快递是其中的重要环节。特别是在旺季时，一定要掌握多家物流公司的信息，与快递公司建立良好的合作关系，这对网店的经营起着重要的作用。

## 7.3.2　应对销售淡季的方法

生意淡旺乃市场自然规律，市场人潮涌动、生意红红火火是卖家最大的期盼，但这样的日子不是天天都有的。网店经营中出现淡季是正常现象，这是市场本身的特征，不是人为可以改变的。淡季的最直接表现就是销售额难以提高，一般的促销措施根本无法使这种情形得到改善。

网店如能在销售淡季使自己的商品销售一枝独秀，不仅可以提高销售业绩和知名度，还可以为即将到来的销售旺季打下坚实的基础，在未来的竞争中抢占先机。为此，卖家必须明确洞悉市场淡季需求，抓住需求，努力提高销售业绩，彻底改变传统的淡季营销思维。网店应对销售淡季，应采取如下几个行之有效的措施。

（1）面对淡季，首先要调整心态。有些卖家一听说"淡季"来了，就认为即使投入再多，也不会有很好的收获，于是不愿再像旺季那样去投入或宣传，从而使原本应有的一些生意也没有了。如果卖家自己都没信心，买家还会对你的商品有信心吗？要树立"销售无淡季"的意识，要相信，只要多下功夫、多用心思考，总会找到出路的。关键是要有一个好的心态，能以一颗平常心来看待淡季。

（2）明确洞悉市场淡季需求是关键。在销售淡季，要想制定出有针对性的销售策略，必须首先找到买家对商品的需求，然后抓住需求，进而引导消费，提升销售业绩。

（3）出奇制胜，使淡季不再淡，例如进行折扣促销或降价促销。但是一定要注意，每一个商品都有一个合理的市场价格，一味的低价只会扰乱市场秩序，引来买家猜疑。无限制的价格促销、一味的低价并不一定能带来更好的销售业绩。

（4）开发新市场。在淡季开发新市场，主要是因为在淡季，绝大多数竞争品牌处于宣传休眠期，对市场的管理力度减弱，在广告宣传上的投入也会减少。卖家选择这时进入新市场，市场上的干扰信息较少，有利于占领渠道和建立品牌形象，市场的扩大则会带动销售业绩的提升。

（5）寻找新的利润增长点。销售淡季产生的一个主要原因就是商品无法满足买家的现实需求，因此增加新的商品功能就可以"改变"销售淡季。如夏季穿西服太热，但是有时必须穿。针对这种情况，清凉西服应运而生，它满足了一些买家夏季既需要穿西服，又不希望太热的需求，在销售淡季其销售业绩大幅度提高，为卖家带来新的利润增长点。

（6）为即将到来的旺季备足货。淡季往往空闲时间较多，充分利用好这个时间，多接洽些供货商，多观察市场，就会知道在今年旺季什么商品更抢手，然后提前备足货。

（7）加深与买家的感情。销售淡季，卖家的时间相对充裕。因此，卖家可以利用销售淡季，加深与买家的感情。

（8）另外，在这段时间里装修美化网店也是成长中的卖家必须要做的，如将网店装饰得漂亮一点，重新给商品拍照，补充匆忙上架的商品的描述，对旺季销售的得失和对手的销售情况进行分析总结，利用空余时间为旺季的到来和店铺的未来发展做一些准备等。

网店销售的淡旺季是客观存在的，关键是用什么心态去看待。要改变淡季营销观念，海尔首席执行官张瑞敏曾说过"没有淡季的市场，只有淡季的思想"。卖家要想在销售淡季提升销售业绩，必须改变经营观念，树立"销售无淡季"的思想。面对如季节般轮换的淡季和旺季，卖家只有以积极的心态引导消费，创造消费，方能走出销售淡季，提升销售业绩。

## 7.3.3 节假日促销策略

节假日是一个很好的促销时机，节假日的交易量会比平常的交易量高出许多。如何充分利用节假日带来的契机做好促销，成了摆在广大拼多多卖家面前的重要课题。

### 1. 提前策划，有备而战

商场如战场，卖家在开始节假日促销之前，要有详细的规划、精密的组织、统筹的安排、这样才能运筹帷幄、占领先机。

促销活动要针对节假日的特点、网上买家的需求以及目前的流行趋势来策划。策划的内容包括节假日所针对的人群分析、促销活动该如何宣传、以什么样的形式进行促销、备货量是否充足、活动所达到的预期效果等。

## 2. 做好宣传与推广

卖家还可以到一些活跃的论坛里做宣传。不过宣传时一定要遵守论坛的相关规定，不能乱发宣传帖，不然会被版主删除或引起买家的反感。

卖家可以针对自己的商品写一些消费指南类的帖子，指导买家如何鉴别商品真伪等。另外，每逢节日，各大论坛都会推出一系列的活动，例如国庆节、中秋节热卖会等，这些活动卖家都要积极地参与，这样不但可以宣传自己的网店，而且还有机会提高销售额。

## 3. 商品促销，让利买家

在春节、中秋节等节日里，人们都会购买礼物送人，卖家在这时候适时推出购物送礼等活动，可以进一步刺激买家的购买欲望，也可以用来回馈新老买家一年来的帮助与支持，拉近卖家与买家之间的距离。应注意的是，商品一定是精心挑选的，而且是物美价廉的，让买家感到实惠，这样其才会对卖家抱有好感。

促销活动包括推出一些特价商品或者买一送一、满100减20等。这些促销活动可以为网店聚集人气，提高买家的购买热情。

## 4. 备货充足，迎接买家

准备好充足的商品，在节假日期间是必然的。卖家在策划促销活动时，就应考虑好货源问题。一些重要的节日都是要放长假的，而且物流、快递可能会不方便，所以要提前备货，特别是一定要考虑快递、物流所需时间，尽量多预算点。

## 5. 服务周到，诚信为本

在网上销售中，买家对商品是否满意，不仅仅取决于商品的质量和价格，很大程度上还取决于服务的质量。

服务应该包括售前服务、售中服务、售后服务，有买家咨询就要快速回复，即便只是询问，没有购买意向，也要耐心解答。

## 6. 物流信息，提醒买家

节假日期间，特别是在长假期间，大部分物流或快递公司都会休息，卖家要及时了解所在地区物流或快递公司的休息情况，最好是写在公告栏里，及时通知买家。

# 第 8 章　利用活动吸引客户

　　利用活动进行推广是个非常好的方法，因为其适用性强，几乎任何店铺都可以使用。最重要的是它可以提升客户满意度，增加客户黏性，也可以直接带动销售业绩的增长。举办营销活动是一种快速获得客户的方法，能够更好地为店铺引入流量，给商品和店铺更多展示的机会，让卖家彻底抓住客户的心。拼多多的活动很多，不同的活动针对不同的卖家群体，参与要求也各不相同。很多活动都是需要卖家自己主动报名的，若想报名成功，卖家就要透彻地了解各活动的报名方法。

# 8.1 拼多多活动报名

拼多多平台推出活动，是为了让卖家更好地提升店铺流量和销量。但不是所有的平台活动都适合所有的店铺。卖家需要先了解一下平台活动有哪些类型，做好活动报名准备工作，如怎样选择优质的活动资源位、活动报名的条件和门槛，以提高活动报名的通过率。

## 8.1.1 拼多多有哪些活动类型

拼多多的活动可以分为平台活动和店铺活动，店铺活动主要是利用优惠券等营销工具来展示商品，平台活动则是平台开辟出单独的资源位来推广活动商品。

根据活动的持续时间，又可以将活动分为长期活动和短期活动。其中长期活动是指一旦报名成功，活动商品可长期留在资源位上，例如领券中心、电器城等，商品只要符合活动频道的要求就可以长期获得活动流量。

短期活动是指活动的资源位有一定的时间限制，卖家通过价格让利在短时间内快速获得流量，例如秒杀、品牌特卖等。为参报短期活动，卖家可能需要在价格上做一些让利，但是这部分的亏损可以帮助卖家换回更大的收益。比如断码清仓可以快速有效地清理库存。活动后，累积的商品销量和评价也都可以帮助商品获取自然搜索流量。

参报活动不能只看眼前的利益，还要有长远的规划，正确地利用活动才能让店铺的利益最大化。卖家在选择活动时，最好进行长远规划，搭配各种短期和长期活动，来实现不同的营销目标，让店铺能够获得长久且稳定的利益。

## 8.1.2 做好活动报名准备工作

卖家在参报活动时，还需要做好一系列的准备工作，以便更加顺利地参与活动，获得更好的推广效果。基本准备工作如下。

（1）商品的优化。选择合适的商品参与活动，并且从商品标题、图片方面进行优化。卖家要精确地优化报名的商品，设置好主图片，突出商品的特点，这样商品才有足够的竞争力，从而有效地提高商品销量。

（2）客服培训。安排好客服人员，并针对具体的活动内容对其进行培训，让他们清楚活动规则和流程，能够轻松解决买家的各种问题。

（3）仓储发货。活动期间的发货量会非常大，卖家一定要提前备货，做好店铺的仓储管理，同时对接好快递公司，保证发货速度。

（4）活动预热。活动前期卖家可以通过营销工具引流，目的是烘托活动，为活动聚集流量，从而使活动为店铺创造更大的效益。

### 8.1.3 选择活动资源位

资源位能让店铺和商品获得大量的曝光，有利于提升店铺和商品的自然搜索排名和转化率。拼多多平台上的每个活动都有自己独特的优势，卖家只要利用得当，就可以在这些活动资源位中获得流量，从而提升商品的成交额。常见的拼多多活动资源位有新品推荐、9 块 9 特卖、爱逛街、限时秒杀、断码清仓、名品折扣等。

下面是选择活动资源位时的基本思路。

（1）选择活动类型。根据店铺的主营类目以及品牌，先筛选能够报名的活动，缩小选择的范围。大部分的活动是有针对性的，有些活动对店铺类型以及商品的品牌是有一定的要求的。卖家可以先筛选出自己可报名的活动。

（2）资源位的定位。筛选和自己商品相契合的活动，如卖家主推的是应季新品，那么很适合参与爱逛街的超值量贩资源位活动。

（3）活动目的的规划。卖家根据自己参与活动的目的，如提升权重、描绘买家画像、累计基础销量、提升店铺人气、清理库存或者测款等，并结合活动定位，来选择最终要参与的活动。

### 8.1.4 达到活动的报名要求

很多卖家想要报名拼多多平台的活动提升销量，却达不到拼多多活动的报名要求。虽然很多活动资源位是免费的，但是对于来报名的店铺和活动商品是有一定的要求的。拼多多通常会要求卖家做好活动准备，满足平台规则以及达到活动的审核条件。

拼多多活动的审核指标一般包括店铺评级、近 90 天的有效评价数、活动商品的基础销量。

　　活动对于店铺和商品的要求，是需要卖家花时间好好经营店铺，提高店铺的综合指标才能达到的。卖家可以从提高参与活动的商品的销量和好评率入手，作为突破活动门槛的切入点。

　　（1）提高销量。卖家可以从社交媒体和多多进宝两方面入手来提高新品销量；利用站内的付费推广流量和站外的微信朋友圈、微博、QQ、抖音短视频等渠道推广商品，累积基础销量。

　　（2）提高好评率。卖家需要做好商品详情页的真实描述，使商品能够符合买家预期，同时做好物流服务、客服服务和售后服务，为买家带来更加优质的购物体验，争取到买家的好评。

　　从以上报名活动的要求来看，好像只有经营过一段时间的店铺才能参与相关活动，那新店铺是不是就没有办法参与报名活动了呢？当然不是，拼多多平台对于新店铺是有一定的扶持的，没销量和评级也可以参报活动！比如9块9特卖、每日好店、秒杀等活动，新店铺都可以参加。图8-1所示为每日好店。

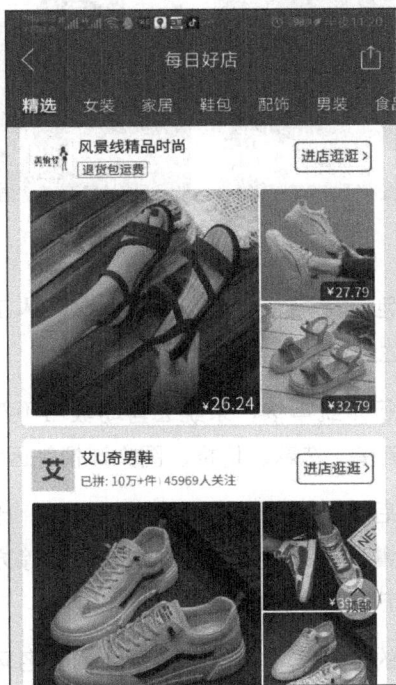

图 8-1

## 8.1.5　提高报名参与活动的通过率

对于拼多多平台的店铺卖家来说，有限的资源位对其非常有吸引力，但是有报名成功的，就会有失败的。很多卖家信心满满地报名参加活动，但没多久就被系统驳回了报名请求，这通常是没注意活动的细节要求导致的。那么拼多多卖家应该如何提高报名参加活动的通过率呢？

卖家在报名参与活动时，还需要注意一些事项，避免无法参与已经精心准备的活动，从而错失了大量流量。例如限时秒杀和 9 块 9 特卖这两个活动常见的驳回原因有采用过多的拼接图、价格高于站内同款商品、款式重复以及商品属性描述不明确等，如图 8-2 所示。

图 8-2

卖家在报名相应的活动之后，会经历系统审核和人工审核两个环节，在任何一个环节中商品没有达到活动的要求，都会被淘汰。

卖家报名后首先进行系统审核，系统会自动驳回不符合活动要求的商品，被驳回的原因大多都和链接、选款、价格、图文详情等因素有关。

商品通过系统审核后，接下来进入人工审核阶段，比较常见的淘汰原因主要和商品的类型、库存量、标题、图片、价格与评价等方面有关，卖家必须针对这些方面进行优化，才能提高报名通过率。

相似度高、销量高的商品比较容易通过活动的报名环节。价格要素也是影响通过率的因素之一，商品价格必须要保证是全网最低价，反之通过报名的可能性不大。另外图片和商品标题不合规范等都会影响报名的通过率。

# 8.2 拼多多营销活动的引流

在拼多多平台上,卖家可以创建多种形式的营销活动,如电器城、爱逛街、9 块 9 特卖、限时秒杀等,来吸引更多的潜在买家进店消费,迅速提升商品的销售额。

## 8.2.1 电器城活动

电器城的定位为品牌电器的聚集地,适合参与该活动的商品包括大家电、手机、生活个护、厨房电器、电脑、数码、文化以及办公等领域的品牌电器,如图 8-3 所示。

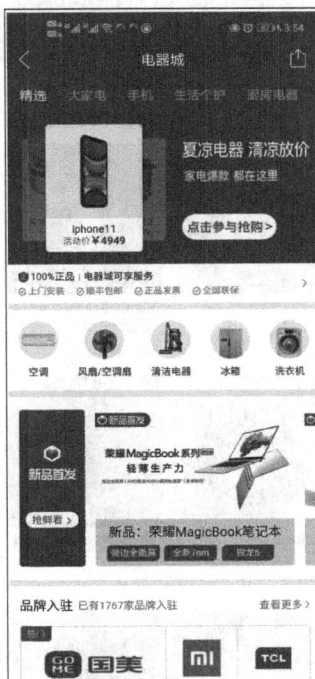

图 8-3

报名电器城活动的店铺类型只能是专营店、专卖店或者旗舰店,需要额外交纳 5 万元的店铺保证金,并且卖家拥有相关品牌的完整授权链。入驻电器城的店铺必须保证所售商品全为正品,并且承诺"假一赔十"。

　　拥有拼多多电器城最大流量的位置,莫过于拼多多好货推介了。拼多多好货推介是拼多多电器城的精选页面,想要报名参加这个活动的卖家,其商品必须是好货才行,不然报名是无法通过的。

## 8.2.2　爱逛街活动

　　爱逛街主要针对的是女性消费人群,这里有物美价廉的商品,也拥有千万流量。爱逛街活动的主要功能在于新品推广,该活动对于新品的扶持力度非常大,适合物美价廉的女装、男装、童装、内衣、美妆以及运动等商品参与,其资源位如图 8-4 所示。

图 8-4

　　卖家可以在【卖家后台】中单击【店铺营销】下面的【营销活动】,打开相应页面,在搜索框中输入【爱逛街】并单击【查询】按钮,即可看到爱逛街的所有活动报名入口，如图 8-5 所示。

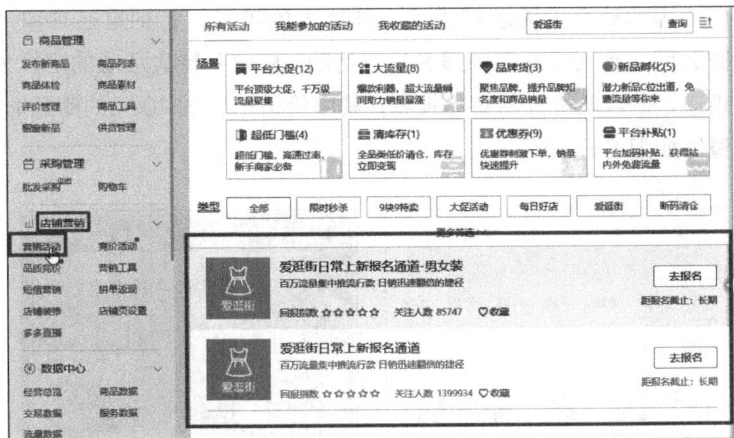

图 8-5

爱逛街活动是有一定门槛的，拼多多上的女装卖家很多，自然报名爱逛街活动的商品也就很多，审核相对较慢。为了确保能更快速地通过审核，卖家应尽量提供整洁、美观、优质、低价的商品，这样优先过审的概率更大。

卖家选择相应的资源位报名入口后，可以查看具体的【活动介绍】、【活动要求】以及【报名记录】等内容，如图 8-6 所示。

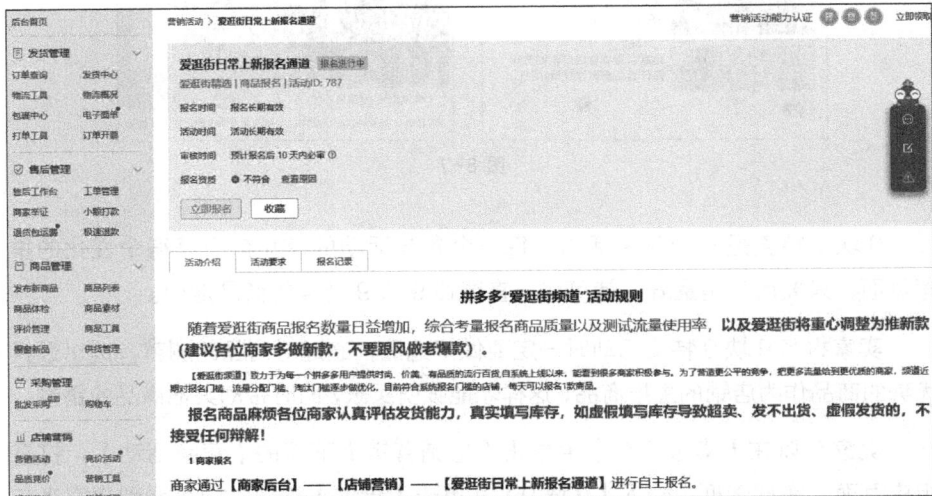

图 8-6

### 8.2.3 9 块 9 特卖活动

9 块 9 特卖活动可以为店铺带来一波巨大的流量，特别是在它取消了商品销量的门槛之后，有利于新店铺报名参与活动。9 块 9 特卖活动的定位为价低物美的小物频道，适合低价位的商品报名，其中价格不超过 10 元的商品非常好卖，其活动资源位如图 8-7 所示。

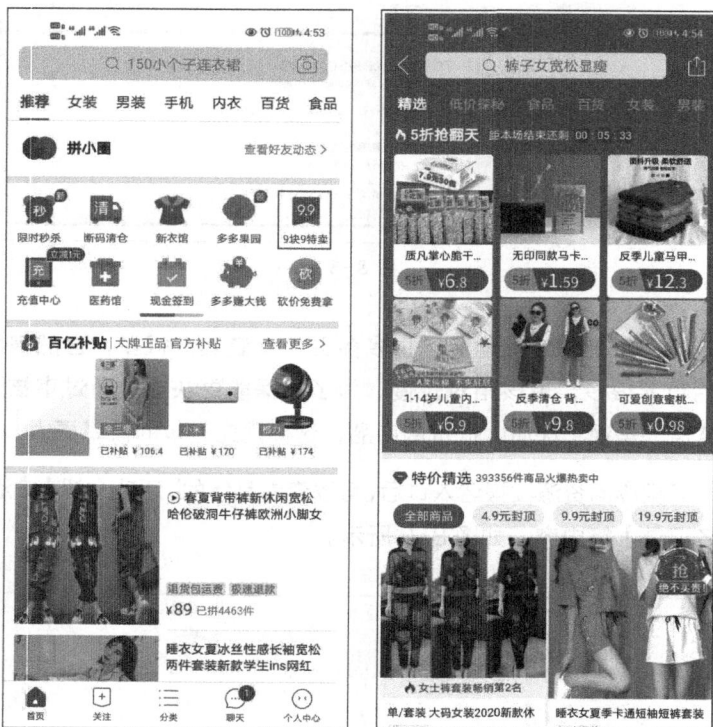

图 8-7

9 块 9 特卖是一个长期活动，每一个参与活动的商品都将获得个性化的推荐页面，只要商品销量好，就可以一直留在 9 块 9 特卖的商品池中。

卖家报名 9 块 9 特卖活动时一定要做好选品，通过对商品的测款，选出最具优势的商品作为店铺的主推商品，这样才能吸引买家，同时带动其他商品的销量。

卖家可以在【卖家后台】中单击【店铺营销】下面的【营销活动】，打开相应页面，在搜索框中输入【9 块 9】并单击【查询】按钮，即可看到卖家当前可以参与的 9 块 9 特卖活动的报名入口，如图 8-8 所示。

图 8-8

9块9特卖活动的常见基本要求如下。

（1）店铺需要开通电子面单服务。

（2）店铺不得处在处罚期。

（3）卖家需交纳活动保证金才能报名参与活动。

（4）店铺近90天的商品描述、物流、服务评分要高于主营类目30%（仅统计有效评价）。

（5）以价格为9.9元及以下的商品为主，且保证是全网最低价。

（6）对于医药健康类目，仅限有资质的店铺报名。

## 8.2.4　限时秒杀活动

限时秒杀活动是帮助卖家快速出货的活动，其理念为卖完即止，先到先得。活动利用人人都想占便宜的心理弱点，精心设计限时秒杀活动，使买家觉得不立即抢购就会吃亏。这种促销活动能够给店铺带来更多的点击量和成交量，因此很多拼多多卖家都通过这样的方式来做活动，特别是需要打造爆款的卖家。

限时秒杀活动适用于有一定出货能力且需要快速积累销量的店铺。限时秒杀活动的入口位于 App 首页导航栏的第一个位置，该活动不仅拥有千万级流量，而且转化率非常高，如图 8-9 所示。

图 8-9

限时秒杀活动的优势如下。

（1）能够快速冲销量。限时秒杀时间短，见效快，几分钟内就有成千上万的出货量。这样不但可以帮助商品在初期快速累积销量，还可以帮助店铺在季末清理库存，回笼资金。

（2）曝光量大。限时秒杀活动位于 App 首页中的黄金位置，坐拥千万级流量，是拼多多流量和转化率最高的活动之一。

（3）限时秒杀活动能提升商品的自然搜索排名，增加商品的个性化推荐权重。

（4）限时秒杀活动虽然流量大，但是对商品的要求比较高，能参与限时秒杀活动，说明平台对商品有足够的信心。

卖家参加限时秒杀活动，要根据活动报名要求，详细说明拟参加活动的商品 ID、名称、规格、价格、库存量等。卖家报名平台活动需遵循诚信原则，据实申报，不得恶意竞价、虚报库存、虚报商品信息等。具体要求卖家可以进入活动报名页面查看，如图 8-10 所示。

图 8-10

## 8.2.5 多多进宝

多多进宝是拼多多平台官方推出的营销工具，卖家自主设置佣金给推手，可激励推手通过各种渠道曝光商品，且从多多进宝的商品链接中购买商品的买家可获得优惠券，从而让买家买到便宜的商品，卖家也可获得销售额，如图 8-11 所示。也就是说推手只需要帮助拼多多卖家把商品分享出去，只要分享的链接产生销量，卖家就会给推手一定的佣金提成，原理类似于淘宝客推广。

图 8-11

多多进宝的定位为"按成交付费,携手站外推广,短时间爆量"。使用该营销工具的商品可以提升权重,而且还能获得快速上活动、首页和推文等推广资源。多多进宝不要求商品有基础销量,非常适合新品推广,活动效果非常好。

卖家可以在【卖家后台】中单击【多多进宝】下面的【推广设置】,打开相应页面并在其中新建商品推广,首先选择推广场景,包括单品推广、全店推广、招商活动等,然后选择商品并设置佣金比率,如图 8-12 所示。

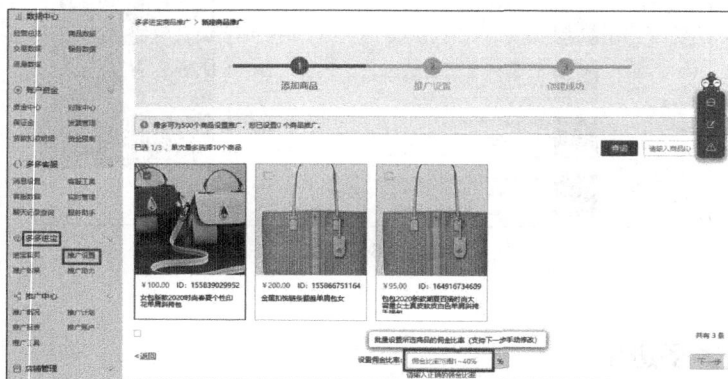

图 8-12

单击【下一步】按钮,进入【推广设置】页面,卖家可以在此调整佣金比率以及添加优惠券,如图 8-13 所示。设置优惠券的目的是吸引推手推广自己的产品,也是吸引买家购买,能大幅提升商品的购买率,而佣金越高对推手的吸引力越大。

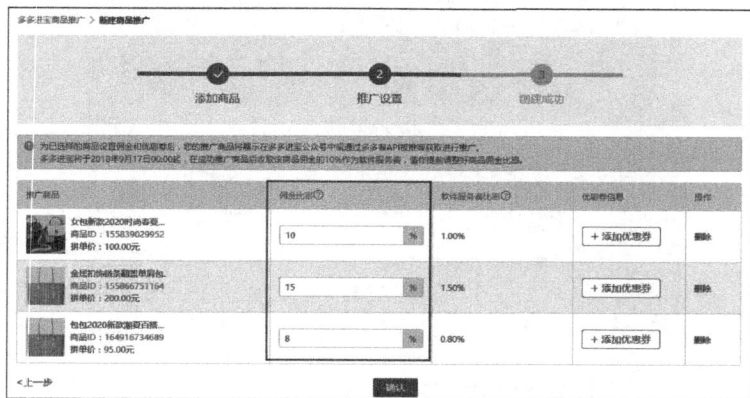

图 8-13

卖家有时候设置了多多进宝，但是并没有推手来推广，主要原因有优惠力度不够大、佣金太低、没有基础销量、主图无亮点、商品不应季或定位错误、价格虚高等。所以说，只有符合客单价高、佣金高、优惠券比例高等条件的商品，推手才会推广。

推手常用的推广场景包括社群、朋友圈、公众号、小程序、导购网站、各类 App 以及自媒体平台等。同时，卖家要注意推广商品的价格、选品和评价，价格过高的商品即使佣金很高，也难获得很好的转化。因此，卖家需要从这些方面去优化商品，并主动去寻找好的推手。

## 8.2.6　限时限量购

限时限量购是拼多多提供给卖家自行设置活动的营销工具，分为限量促销和限时促销两种类型，可提高商品的销量并达到引流的作用。图 8-14 所示为限量促销。

限量促销是对一定数量的商品进行打折销售，这一数量的商品售卖完毕后便恢复原价。例如，可以设置 100 件商品打 6 折，这 100 件售卖完毕后恢复原价。

限时促销是在规定时间内对商品进行打折销售，时间结束后商品恢复原价。例如，可以设置 3 日内商品打 8 折，3 日之后商品恢复原价。

卖家设置限时促销或限量促销之后，商品详情页会显示专属的标签，从而使商品获取更多的点击量，商品的转化率也会得到大幅提升。参与了限时免单、多件优惠、秒杀、新人专享等活动的商品不可使用限时限量购营销工具。

图 8-14

这种限定时间、限定销量的促销宣传活动，的确能很好地抓住买家的心理弱点。因为如果是随处可见、随时都可买到的商品，买家自然不会产生强烈的购买欲。但如果数量上有所限制，就能触发买家的消费欲望，使他们觉得如能抢购到此物，就占了大便宜。有了这种错觉，即使不推销，人们也会前来抢购。

卖家可以进入【卖家后台】，单击【店铺营销】下面的【营销工具】，然后单击【限时限量购】按钮，如图 8-15 所示。

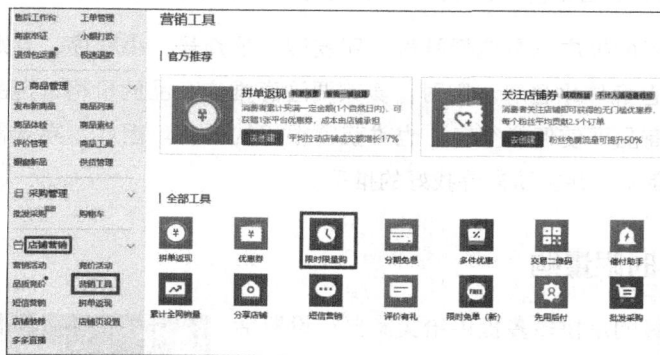

图 8-15

进入【限时限量购】页面，单击【立即创建】按钮，如图 8-16 所示。

图 8-16

在【创建限时限量购】页面中选择活动类型，输入相应的活动名称，单击【添加商品】按钮，如图 8-17 所示。

弹出【选择折扣商品】对话框，卖家可以在【可选】选项卡中选择要参加活动的商品，如果没有可选商品，卖家也可以切换至【不可选】选项卡，如图 8-18 所示，查看商品不可选的具体原因，根据提示调整商品，使其达到活动参与要求。

设置好商品后，即可在【可选】选项卡中选择商品，勾选商品左侧的复选框，并单击【确认】按钮，即可添加商品，如图 8-19 所示。

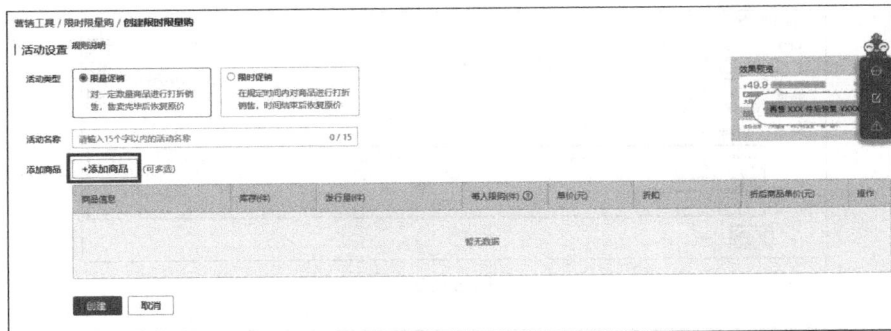

图 8-17

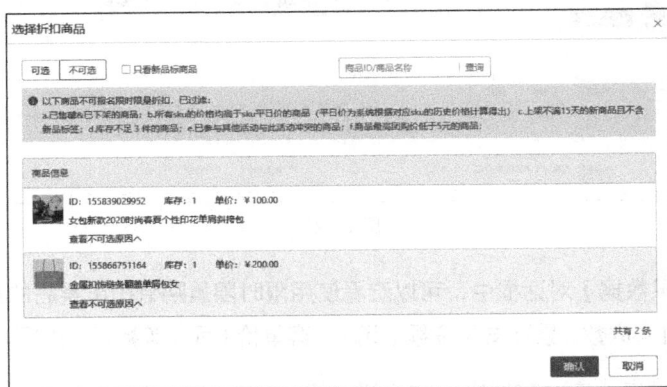

图 8-18

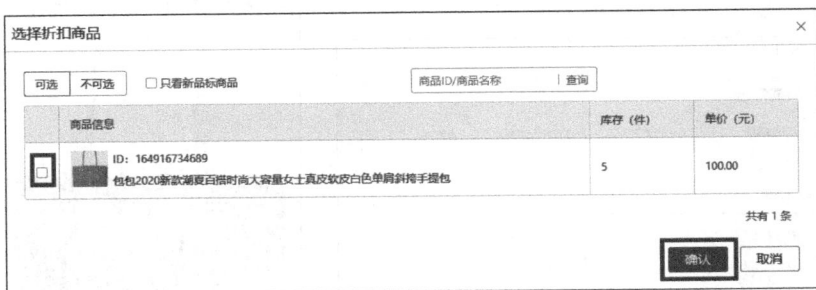

图 8-19

　　添加商品后，在下方设置【发行量】、【每人限购】和【折扣】等选项。
设置完成后，单击【创建】按钮，即可创建限时限量购活动，如图 8-20 所示。

　　卖家可单击【数据】按钮，检查该折扣价格下商品是否有足够的利润，如
图 8-21 所示。

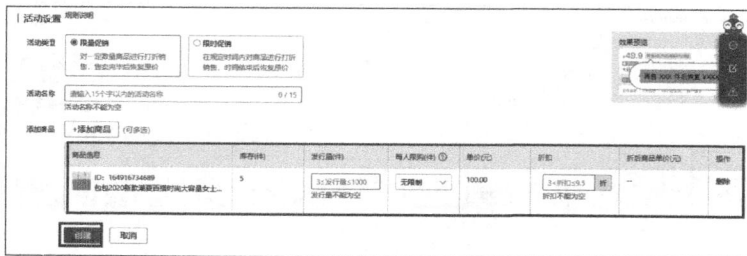

图 8-20

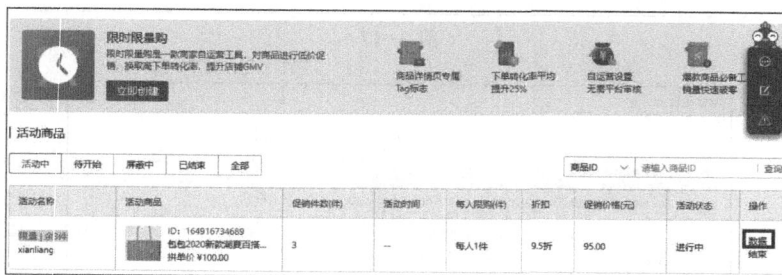

图 8-21

在【效果数据】对话框中，可以查看使用限时限量购营销工具后的累积支付件数、累积支付买家数、累计支付金额（元）、客单价（元）等数据，如图 8-22 所示。

设置完成后，卖家可以进入商品详情页，查看活动标签，如图 8-23 所示。

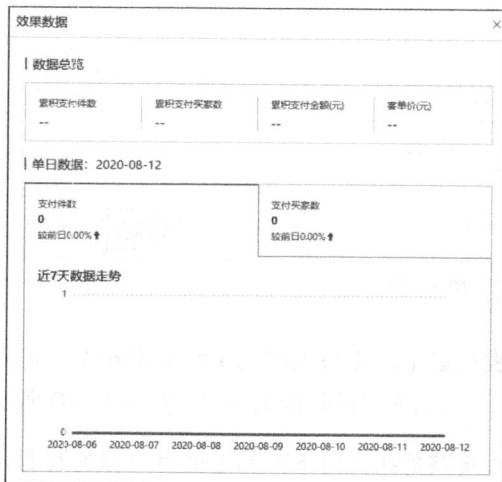

图 8-22

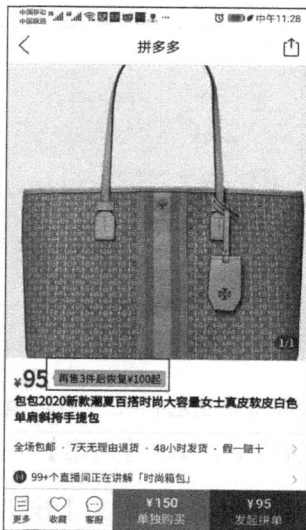

图 8-23

## 8.2.7 首页竞价活动

　　竞价活动为拼多多独有的一个活动。平台会定期从首页以及各个资源位上挑选出热销的商品作为参考商品并发布在竞价页面中。如果你的商品质量好，同时报价低，想快速上资源位获取流量，就非常适合参加竞价活动。对于一些刚上架且没有流量和销量的商品来说，参与首页竞价活动是大幅提升销量的有效方式，也是上首页以及热销资源位的一个便捷通道，能够帮助卖家轻松获得大量流量。

　　卖家可以在【卖家后台】中单击【店铺营销】下面的【竞价活动】，打开相应页面，在【竞价活动日历】选区中单击【立即竞价】按钮，如图 8-24 所示。

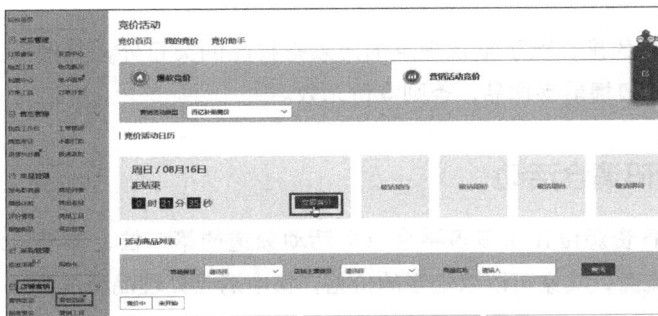

图 8-24

　　进入【活动商品列表】页面，卖家可以根据商品类目、店铺主营类目、商品名称等条件来查询竞品，选择要替换的竞品，如图 8-25 所示。

图 8-25

在【活动详情】页面，卖家可以查看竞价规则、店铺要求和商品要求，以及中标后可以获取的权益，如图 8-26 所示。

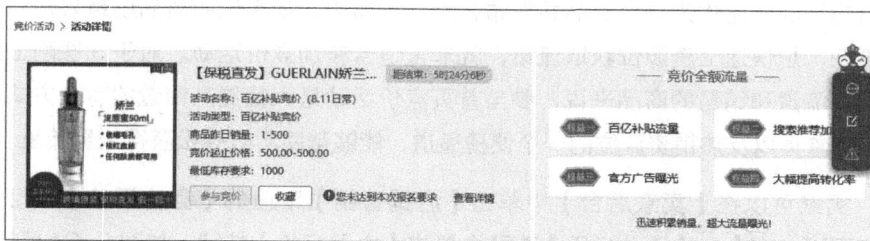

图 8-26

需要注意的是，除了平台规定的无须寄样品的类目外，其他商品参与首页竞价活动都需要提前寄样品，否则竞价无效。

## 8.2.8 断码清仓活动

断码清仓资源位在拼多多平台首页活动频道的第二位，参与该活动能获得前所未有的流量，卖家可以以恰当的价格，集中清仓处理品牌的断码货、尾货，如图 8-27 所示。

图 8-27

　　有些品牌商品的积压库存很多，一些品牌卖家干脆把积压库存全部卖给网络销售卖家。不少品牌虽然在某一地域属于积压品，但完全可在其他地域成为畅销品。

　　在有的情况下，卖家会因换季等原因而清仓处理积压库存，因为这时他们已经收回成本了，剩下的能卖多少就卖多少。由于卖家急于处理这类商品，其价格通常很低，会吸引很多买家抢购。

　　断码清仓活动会集中处理品牌的断码货、尾货，商品在该频道上线后会拥有以下优势。

　　（1）位于首页促销频道的第二个位置，能获得大量曝光机会。

　　（2）拼多多 App 及微信公众号长期推送，覆盖消费者超千万。

　　（3）拼多多大促期间，大促会场中会加入断码清仓活动入口，导流将近千万。

　　（4）新人版首页的长期导流横幅广告，新用户转化率极高，有利于提高商品销量。

　　卖家可以进入【卖家后台】，单击【店铺营销】下面的【营销活动】，然后单击【断码清仓】后面的【去报名】按钮，如图 8-28 所示。

图 8-28

　　如果店铺符合要求，单击【立即报名】按钮即可报名。如不符合，【报名资质】后面会显示【不符合】字样，单击【活动要求】查看原因并进行调整，然后单击【立即报名】按钮即可，如图 8-29 所示。

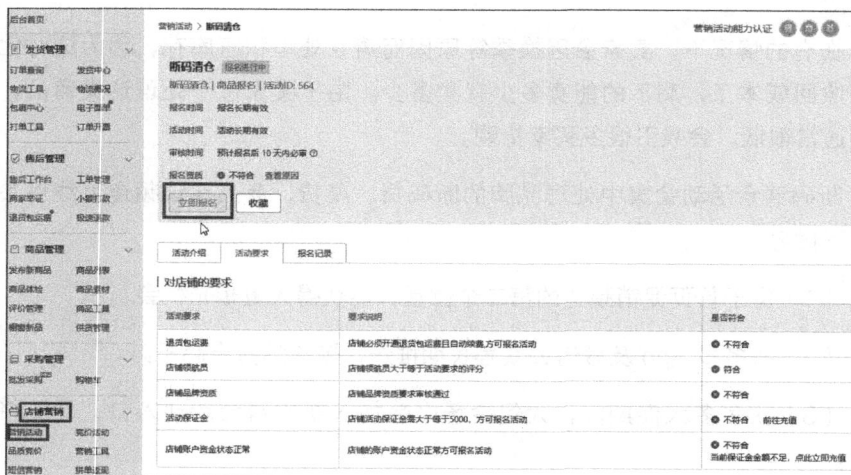

图 8-29

# 第 9 章　爆款打造全程揭秘

　　拼多多爆款也就是拼多多人气商品，顾名思义，拼多多爆款具有颇高的人气，在提升拼多多网店的流量和转化率等方面发挥着其他网店推广方式无法比拟的作用。爆款的"魔力"在于瞬间提升网店流量，并吸引越来越多的回头客。同时，爆款要选择好，准备和策划工作也要充分，这样才不至于出现种种问题。

# 9.1　爆款究竟是如何打造的

打造拼多多爆款商品（以下简称为"爆款"）是比较热门的推广手段，拼多多卖家通过打造店铺爆款来吸引流量和提高转化率。

## 9.1.1　打造爆款的意义

所谓爆款，就是卖家针对单品做的一次策划活动，能够在很短时间（往往是几小时）内达到高于 5000 的单品销量，并且也能实现其他商品的连带销售。

爆款不仅给店铺带来了销量，还能让店铺的信誉快速提升。如果去那些高人气的店铺里面逛一逛你就会发现，这些店铺的销量大多集中在某些商品上面，有些商品销售了几万件，而有些商品不过只有几件的销量，这就是打造爆款的结果，卖家只需要好好地维护这些爆款，就能获得许多流量，店铺在拼多多上的排名也会大大提升。图 9-1 所示为店铺打造的爆款，其拼单和评价量都超过了 10 万。

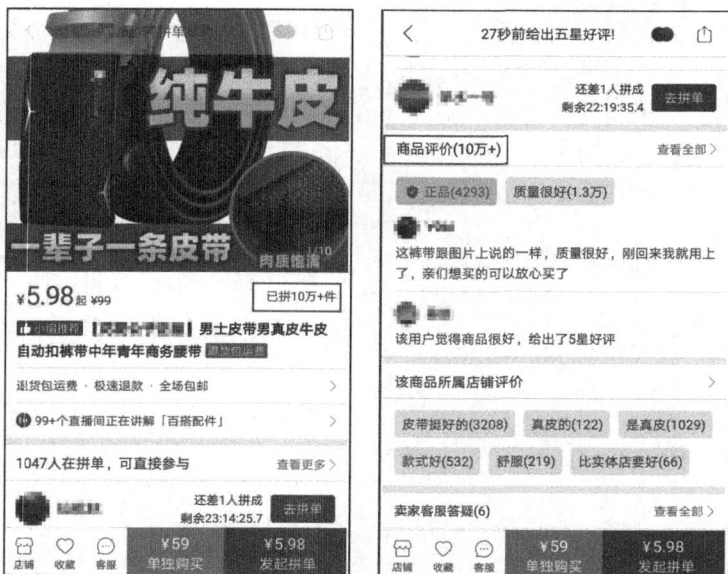

图 9-1

打造爆款的目的很简单。首先，打造爆款是为了提升销量；其次，有的卖家打造爆款是为了提升人气，还有的是为了获得利润，以及带动整店商品的销量。爆款可以保证整个店铺的流量，单品销量高起来了，整个店铺的流量也就有了保证。大部分店铺一半以上的流量都是由几个商品的流量组成的。

## 9.1.2　打造爆款前的策划准备工作

爆款对网店流量和交易量的巨大拉动作用相信大家都有所了解。于是很多卖家都想要打造自己的爆款。但是，打造爆款不能盲目，需要先进行策划，然后做好充分的准备工作。

### 1．选择几款候选爆款

要打造爆款，首先必须清楚店里的哪些商品最受欢迎。卖家可以通过拼多多查询当天或者最近一段时间的人气商品，然后从中选定 2 ~ 3 款作为候选商品。

### 2．询问供货商候选商品的质量情况

选出了候选商品后，我们并不知道候选商品的质量如何。此时需要联系供货商，询问他候选商品的质量如何，有没有正品卡、保修卡之类的书面保证。

### 3．询问供货商货源是否充足

一个商品拥有充足的货源是至关重要的，大家想一想，如果货源不充足，辛苦打造了那么久的爆款，突然断货了，那这样的爆款不打造也罢。

### 4．诱人的铺面

要激起买家的购买欲望，卖家得从店铺铺面和动人的文案着手。所以，如果要打造爆款，卖家在这两方面也要做好。做好这两项工作，对后面工作的开展具有重要的战略意义。

### 5．抓好评

好评的重要性不言而喻。买家对商品的评价是其他买家了解商品的一个重要途径。好评率高，好评多，可以增加其他买家的购物信心。

### 6．针对商品卖点设计文案

根据卖点设计出好的文案，然后让美工按照文案修图。图 9-2 所示为某爆

款的文案，该文案突出了商品的卖点。

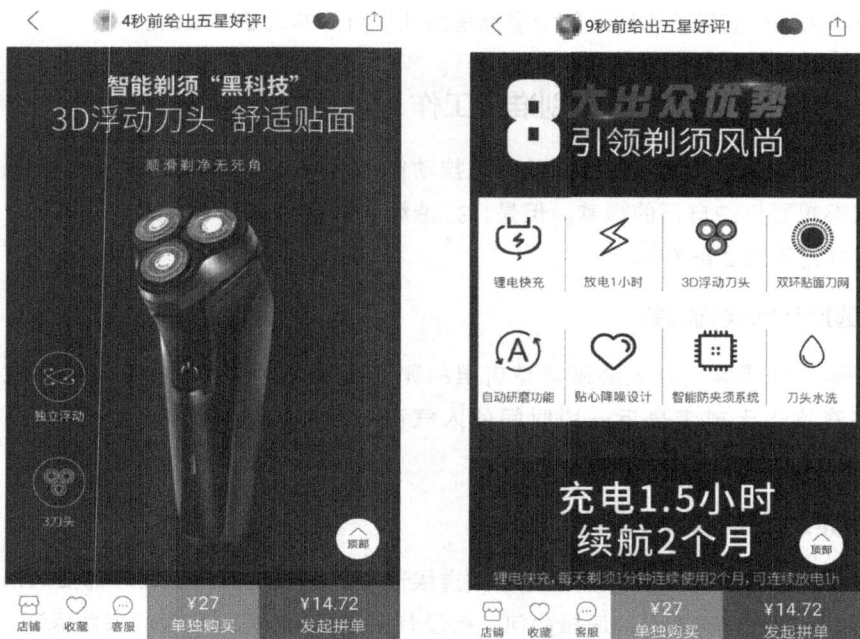

图 9-2

### 7. 商品的描述页面

商品的描述页面要有关联商品或活动的宣传图、模特图、商品图、细节图、流行趋势分析、功能 / 特点介绍（卖点）、商品材质介绍、详细的尺寸 / 尺码表、商品品质介绍和承诺、包装以及公司实力介绍，最后再放上已搭配好的套餐。

店铺的首页也放一张该爆款的广告图，如图 9-3 所示。最好每个商品描述页面里都有和爆款相关联的图，让爆款无处不在。

### 8. 商品推广

完成上面所有的步骤后，接下来就可以对这款商品进行推广了！此时需要增加这款商品的曝光率。商品只有多出现在买家的面前，才有机会激起买家的购买欲望。

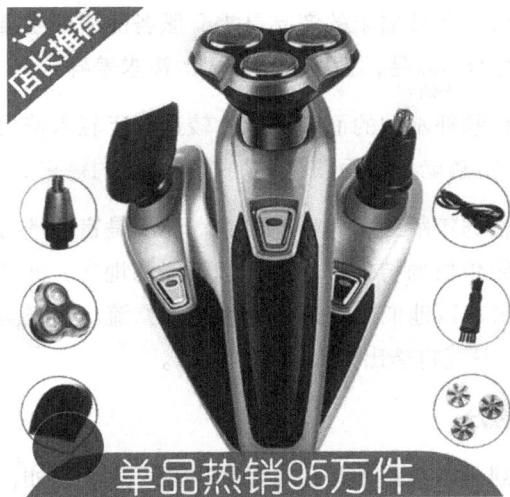

图 9-3

# 9.2 爆款打造的入门技巧

打造爆款是推广方法中的一种；成功打造出自己店铺的爆款，可以让自己的店铺一鸣惊人，订单量爆增。但是，打造爆款应怎样入门呢？

## 9.2.1 找准目标受众

打造一个成功的爆款的关键点就是找准目标受众。作为爆款的设计者，卖家要清楚地了解爆款的目标受众是谁。目标受众都不知道，就很难采取对应的措施，也不能做好营销推广的策划。因此在选款的时候，卖家要调查爆款的目标受众，避免选出商品后却做不好推广的情况出现。

为了寻找特定的目标受众，了解他们独有的消费需求，卖家应该学会为不同类型的买家提供相应的商品。如果不这么做，就很难找准目标受众，那么，打造爆款也就成了空谈。如何找准目标受众呢？方法有两种，一种是根据年龄划分，另一种是按照兴趣爱好划分。

### 1. 根据年龄划分

营销与人密不可分，研究营销之前一定要先了解人。因此，打造爆款也少不了对买家心理的掌控。卖家在为买家提供服务时，应注重对买家的内在需求的满足。为买家提供符合其需求的商品是提升服务品质的重要方法。不同年龄层的买家面对同一类型的商品，会呈现出明显的需求差异。

以面膜为例，护肤补水型的面膜可能比较适合年轻人使用，而当买家的年龄为 40 岁左右时，抗衰老型的面膜会更加符合他们的需求。

因此，要学会根据年龄去明确目标受众，而不是盲目地打造商品。卖家可以利用目标受众年纪相仿的特性，找到他们相似的地方，即"共性"，然后根据他们的共性，尝试着以他们感兴趣的事物进行交流。这样卖家就能准确把握他们的想法和需求，从而打造出受人欢迎的爆款。

**2. 按照兴趣爱好划分**

按照兴趣爱好划分的买家通常受年龄的影响不大。比如，很多人跨越年龄的鸿沟成为要好的朋友，只因为他们有相同的兴趣爱好。

比如，喜欢旅游的人，无论多大年龄，都可能喜欢去旅游，因为他们都享受旅游带来的乐趣。因此，按照兴趣爱好划分买家有效地打破了年龄的限制，让不同年龄的人对同一种商品产生兴趣。

## 9.2.2 高性价比

无论购买什么商品，买家首先关注的都是性价比，最好的商品就是在买家眼里物美价廉的那一款。没有人不喜欢物超所值，只要商品拥有让买家满意的性价比，就能成功吸引买家的眼球，从而推动商品的销售。

要打造商品的高性价比，最重要的是设定合理的价格。设定价格时，一方面要体现出商品的价值，为卖家创造一定的利润空间；另一方面要充分考虑买家的承受能力，从而增强商品对买家的吸引力。

为了赚取更为丰厚的利润，很多卖家在给商品定价时十分盲目，以至于走入了定价误区而不自知。销量提不上去的很大一部分原因就在于定价错误。常见的定价错误如下。

（1）因为商品的数量少而定价高。

（2）定价的目的是赚取眼前的利益。

（3）提供给中间商丰厚的利润。

就性价比而言，关键在于应该如何根据商品的实际价值和买家的心理预期制定出合理的价格。卖家一定要把眼光放得更长远一些，不能光看眼前的利益，不然就无法打造出真正受买家喜爱的爆款。图9-4中的男鞋只卖9.9元，高性价比吸引了大量的买家购买。

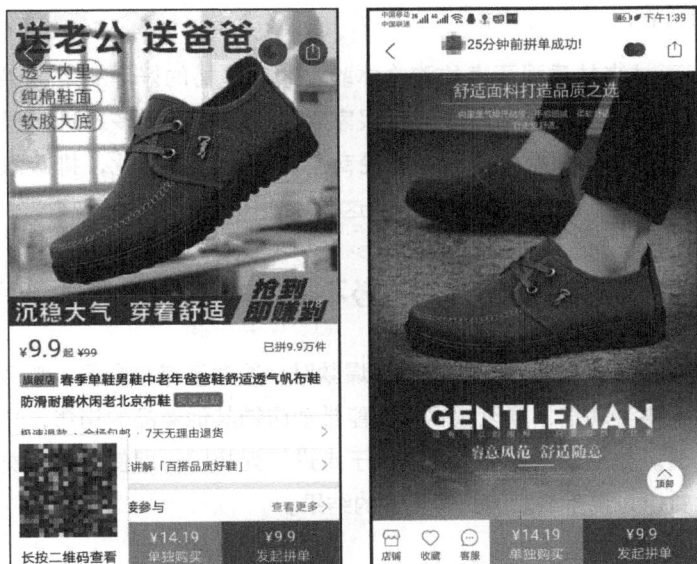

图 9-4

## 9.2.3 爆款的利润期望

爆款是销量非常高的商品，高流量、高曝光量、高订单量就是它的具体表现，但是这样的商品一般不是店铺的主要利润来源。为什么呢？因为一般情况下达到高流量、高订单的商品，价格相对来说不会高，这样的直接影响就是卖家的利润低。卖家在打造爆款的前期应尽量降低利润，甚至做好不盈利的准备，这样才方便爆款的打造。

爆款是让买家觉得便宜、划算、实惠的商品，这样买家才会蜂拥而至。那么一味地降低价格好吗？对买家来说的确是件好事，但对卖家来说会很痛苦。比如爆款以2折出售，一旦买家对店里的商品做了定性，认为店铺内的所有商品就应该打2折时，卖家就会发现整个店铺除了爆款的销量还行，其他关联商品的销量都不高，而且一旦爆款恢复原价就再也卖不动了。

### 9.2.4 店铺风格促成转化率

转化率是一个核心问题，最重要的就是页面的优化。图片要优化，商品详情页排版要好看，同时店铺风格也很重要。整个店铺，从装修到其他商品，都要有自己独特的风格；商品的质量要好，性价比要高，这样才能吸引买家下单进而成为回头客。

卖家需要越来越重视买家的购物体验，店铺风格的好坏决定了买家的购物体验的好坏。没有集中统一的风格，买家对店铺不会有太多黏性，很难形成二次转化。所以店铺的风格很重要，无论商品详情页如何优化，排版怎样变化，都要围绕店铺风格、商品风格来进行，这样才能形成一定的优势。

## 9.3 要打造爆款，选款是必不可少的一步

选款非常重要，尤其是要打造一个爆款时。选对了爆款商品，那么后续的推广工作必然是事半功倍、顺风顺水，还能带动店铺其他商品的销售，从而提高店铺的整体销量。如果选错了爆款，就等于走进了死胡同，即使前期花费了大量的精力和推广费用，也不一定能获得满意的结果。

### 9.3.1 选款很关键

对于打造爆款来说，选款是一个很重要的过程，但是又不能盲目地选择，需要根据数据进行分析，这样就可以挖掘出很多有用的信息。

**1. 判断消费趋势**

在互联网时代，流行等于流量，因此想运营好店铺就需要卖家有强大的洞察力，能跟上市场的流行步伐，判断出消费趋势。而选款的最难之处就在于判断消费趋势，一些卖家通过日积月累可以培养出敏锐的行业观察力。有经验的卖家可以根据自己所在行业的热点事件来预判市场变化，新手卖家则需要借助一些工具或者技巧来判断流行趋势。

例如，卖家可以打开【卖家后台】，单击【数据中心】|【流量数据】|【商品热搜词】，打开相应页面并在其中查看商品热搜词。这是系统拟合出的指数类指标，搜索人气越高，表示搜索人数越多，相关商品越受欢迎，如图9-5所示。

图 9-5

## 2. 爆款需要平易近人

平易近人的款式最容易成为爆款，因为买家对平易近人的款式的抵触心理较小，过于突出个性、过于出位的款式反而容易失去买家，毕竟其中抱着从众心理的买家居多。图 9-6 所示为平易近人的某爆款。

图 9-6

如果店铺打算吸引细分人群，那商品的个性就很重要了，商品的个性就是吸引细分人群的卖点。

### 3. 选择试销款

现在选中的款式也仅仅是有成为爆款的"潜质"，并不能确定其是否好卖。

女装消费者喜欢新品，尤其是店铺的老客户。因此卖家可以把试销款式放在新品区，看在自然搜索流量之下该款式会有怎样的销售业绩。如果有特别好卖的款式，或者是咨询量较多的款式，那基本上这个款式就可以拿来好好打造了。商品入库之后，销量如何，能否成为爆款，店铺的营销手段是关键。

### 4. 谨慎对待厂家推荐的款式

厂家推荐的款式需要卖家仔细去甄别，判断其是否为工厂的滞销库存。这需要卖家获取厂家的销售数据，如果销售不佳，那该款商品有可能是工厂的滞销库存，不值得购入。如果是尚未大批量生产的款式，没有销售数据，可以结合消费趋势看看款式是否符合潮流，如果相符，那就有将其打造成爆款的可能。

## 9.3.2 选款时的注意事项

价格实惠的高性价比商品是拼多多平台比较青睐的，除了这一点外，卖家在选款时还需要注意一些事项。

（1）做好市场需求调查。选款前一定要在市场中潜心调查，充分考察市场目前缺乏的商品想要购买的人多不多，然后再选出合适的款式。

（2）做好爆款的定价。选款时要注意成本，只要成本够低，那么我们就可以制定出具有竞争优势的售价。

（3）爆款的质量。便宜的商品的确能吸引买家，不过没有好的质量，那么价格再低买家也不会买，或者买过一次后便不会再买了。质量差的商品退货率高，而且差评非常多。因此在选款时，商品的质量要有保证。

（4）选择符合市场偏好的应季商品。这样方便卖家报名参与各种官方促销活动，获得更多的商品推广和展示的机会。

（5）商品的款式与流行趋势要和店铺风格相符合。

（6）商品的颜色、分类和尺码等属性必须全面。

（7）库存要充足，确认供应商能够正常及时发货。

## 9.3.3  常用选款方法

打造爆款要先学会选款，要选几个爆款引流。很多卖家会选择自己喜欢的商品作为爆款，或者是将库存中积压的商品作为爆款，这样做其实是错误的。有哪些常见的选款方法呢？

### 1. 选择时下流行的和应季的商品

应选择时下比较流行的和应季的商品作为爆款。另外季节性也很重要，特别是女装等季节性比较强的商品，需要选择应季的或者是下一季的商品进行预热。

### 2. 通过阿里指数查看搜索词排行

卖家可通过阿里指数看目前的类目关键词热度，推测当下哪类商品比较热门。另外也可在拼多多查询同类商品，看一下在拼多多卖得好的商品有哪些，可以选择店铺中类似的商品进行爆款推广。图 9-7 所示为通过阿里指数查看热卖的商品。

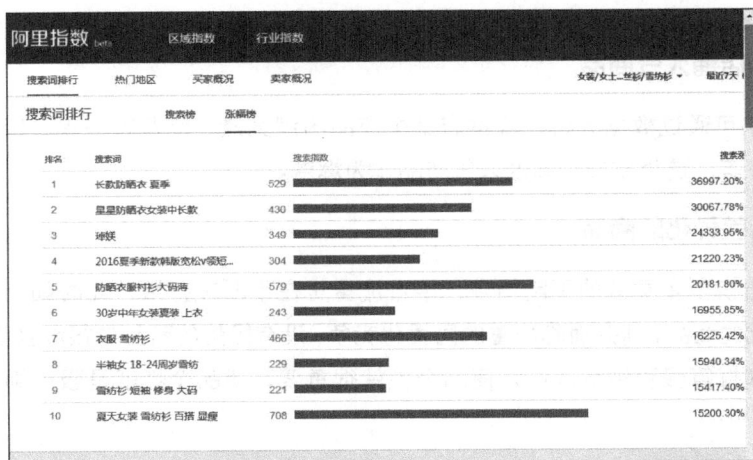

图 9-7

### 3. 选择首页 / 参加竞价活动的商品

商品能上拼多多首页或能参加竞价活动，说明它们是经过测试的、有成为爆款潜质的商品。图9-8所示为拼多多首页的商品。

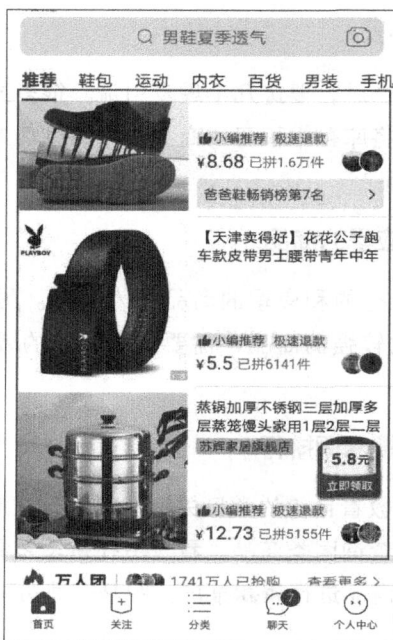

图9-8

## 4. 选择店铺人气商品

卖家可通过数据分析，观察店铺中商品的浏览量、浏览跳失率、销量、成交转化率等，选择成交量高的人气商品作为爆款。

## 5. 选择差异化的商品

随着拼多多卖家的不断增多，平台流量也在不断被打散，此时如果卖家没有差异化的商品，则会面临严重的同质化竞争，没有优势的商品将很难吸引买家。如果卖家打算吸引细分人群，商品个性就很重要，商品个性就是吸引细分人群的卖点。

## 6. 选择款式齐全的商品

要保证商品的目标受众相对广泛。选款时，商品的颜色、尺码等属性要全面，符合商品的目标受众的定位，可以选择同类商品组成一组，保证在推广一款商品的同时推广了其他多件商品，提高商品的整体成交转化率。

# 9.4　打造爆款的步骤

每一个爆款都有其生命周期，打造爆款时要合理把握好这个周期，才能为店铺赢得流量。

## 9.4.1　预热期——选出有潜力的商品

在打造爆款之前，卖家一定要对本行业有充分的了解，包括对竞争对手有合理的分析、对买家的接受程度有深入的了解。

选择的爆款一定要有较高的品质、大众化的价格，就是具有高性价比。因为高性价比是买家获得良好的购物体验的保障，它会直接影响到店铺的回头率和评级，也就直接影响店铺的自然搜索排名。

挑选好具有明星潜质的商品后就要开始打造爆款了。

首先要提高商品在自然搜索排名方面的竞争力：完善商品主图、标题、价格3个要素。买家在搜索页面最先看到的就是这3个要素。图9-9所示的商品主图、标题、价格都很吸引人。

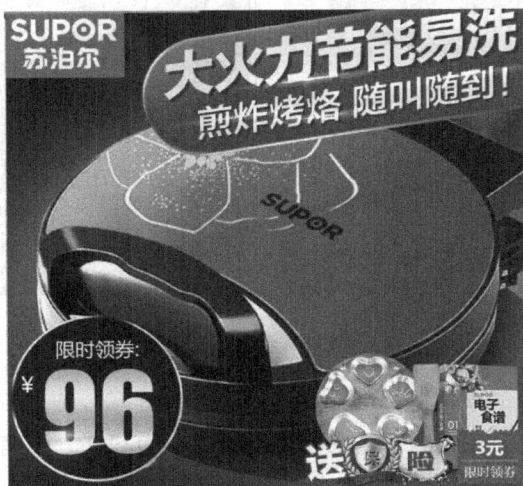

图 9-9

（1）主图。要突出主题、展示全景。

（2）标题。优化关键词提高商品曝光率，充分利用标题关键字。

（3）价格。首先是商品价格需与店铺定位相匹配。先将商品的价格定得尽可能低一些，使商品迅速被买家所接受，优先在市场取得领先地位。

以上要素是吸引买家点击进来的关键，在买家点击进来后，就要让他看到详细的商品描述，真实、清晰地展现商品的实际状况。

（1）在图片的拍摄过程中注意商品的整体性与细节性。

（2）通过展现商品的特有品质激起买家的购物欲望。

（3）商品的尺寸对比和售后说明是必需信息，同时要图文并茂。

观察图 9-10 所示的案例，这款商品目前销量已超过了 10 万件。当然商品有这么高的销量，肯定不是某一个方面做得好就行了，各个环节、细节都很重要。

图 9-10

很多卖家在打造爆款的初期，喜欢进行"轰炸式"的广告投放，这样做的效果并不太好。因为在爆款打造的初期，商品没有销量，没有评价，这个时候的转化率肯定是很低的。

在爆款有了一定销量的基础上，卖家可以考虑开展一些营销活动，比如参加一些拼多多的官方活动或者自己在店铺中设置一些折扣等。要做到这一点，就要求卖家在平时一定要维护好客户关系，这些老客户绝对是帮助店铺成长的益友。推广爆款的时候，给老客户最优惠的价格，他们大都会非常乐意接受的。

其实，营销活动的扩展过程也是再次借助市场进行验证的过程，通过销量、客户评价等指标，看卖家选出来的商品是否真的是能被市场认可的。如果前期的效果不佳，卖家就要谨慎对待了，这说明这款商品不一定适合作为爆款被大力推广。

## 9.4.2 爆发期——快速引流

如果前面的预热准备工作做得比较理想，这时商品应该已经有一定的销量基础了。在爆款的爆发期，卖家需要加大推广的力度，增加推广的投入，实现快速引流。

流量的引入可以从如下两个方面入手。

（1）拼多多的促销活动，如社交营销活动、拼多多小程序引流推广等，这些活动不需要投入大笔资金，但能为你的商品快速聚集人气，累积销量。

（2）付费流量，如搜索推广、按时长付费（Cost Per Time，CPT）推广、明星店铺；先靠老客户来"破零"，再用促销活动累积销量，最后用搜索推广来进行长期的推广。这样做是为了让转化率和销量都有一个良性的逐步提升的过程。这时，卖家可以多投入一些广告。

## 9.4.3 成熟期——做好店铺的商品关联销售

在成熟期，爆款已基本形成，最根本原因是其有较高的性价比，能够让买家动心。打造爆款的本质是为店铺带来巨大的流量，为店铺聚集人气，要想盈利还是要做好店铺其他商品的关联销售，仅仅一个爆款，就能带动整个店铺的销量。做好店铺的关联销售，要利用好爆款带来的巨大流量，打造爆款不仅仅是为了短期效益，还应更加注重店铺的长期发展。这时，卖家可以推出一些关联销售以实现盈利。图9-11所示为在爆款页面添加关联商品。

关联销售绝对不是把商品胡乱堆砌在买家面前，一定遵循以下几条原则。

（1）同系列关联。如爆款是连衣裙，可以与其他款式的连衣裙进行关联。

（2）搭配关联。如爆款是半身裙，可以搭配一些内衣、衬衫等进行关联销售。

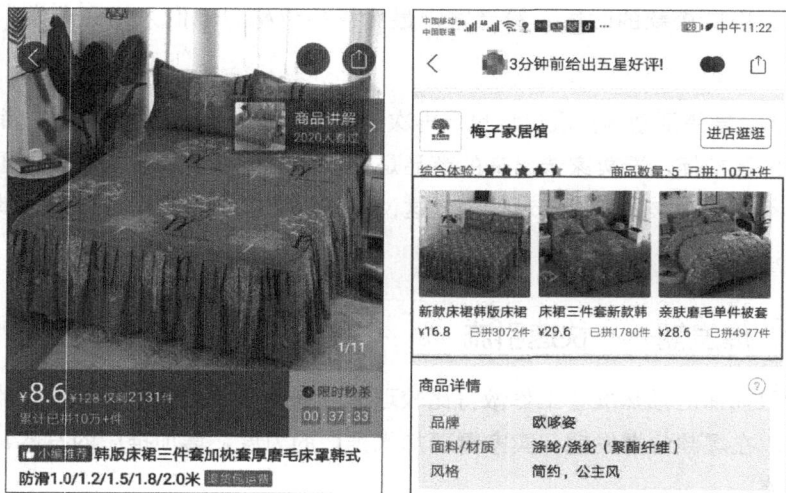

图 9-11

（3）价格相近关联。如爆款是羽绒服，可以与其他款式、价格相近的羽绒服进行关联，因为当买家从一堆搜索结果中点击进入这个爆款商品页面时，他一定是在某种程度上被这个商品的款式和价格打动了。人的喜好是有相近性的，将其他价格相近的羽绒服与爆款羽绒服进行关联销售，很有可能打动买家多买一件。

（4）热销商品关联。如果爆款实在是太特殊了，无法搭配别的商品，店铺中也没有价格相近的商品，那么可以与店铺的热销商品进行关联。这些商品能热销，就说明它们也是有其独特优势的。

## 9.4.4 衰退期——尽量维持，推陈出新

几乎每个爆款都会有衰退期，只是衰退期到来的时间各有不同。在爆款衰退期来临的时候，卖家要做的就是尽量维持，使它的生命周期更长一些，让爆款尽可能地为店铺引入更多的流量。同时，要打造新的爆款，把之前经过测试的、有成为爆款潜质的商品放到处于衰退期的爆款的页面，用处于衰退期的爆款的巨大流量去带动新爆款的销量。其实，这个工作可以在更早的时候就开始做。如果运作得好，那么店铺可以拥有一组爆款，构成一个爆款群。爆款群的威力，能让整个店铺的流量得到爆炸性的增长。

用一个爆款给其他有潜质的商品输送流量，这是非常重要的一个工作。反

复进行上面说到的这几个步骤，店铺的经营状况会得到持续不断的改善。

## 9.5　参加拼多多的营销活动，快速打造爆款

参加拼多多的营销活动来快速打造爆款，是大多数卖家惯用的做法，因为利用营销活动提供的资源来推广自己的潜力爆款商品，是很容易成功打造出爆款的。

报名拼多多营销活动的步骤很简单，打开【卖家后台】，单击【店铺营销】|【营销活动】，在打开的页面中选择一个要参加的活动，单击【去报名】按钮，如图9-12所示。

图 9-12

每一次报名参加营销活动前，卖家必须要认真阅读活动规则，按照规则来报名，不遵守规则，很容易被平台拉黑。卖家想快速提升网店的人气和销量，比较有效的方法就是报名参加拼多多的营销活动。

卖家在报名参加拼多多活动时应该注意以下 4 个要点。

### 1. 找准活动

拼多多是一个非常好的平台，因为不管是在可信度，还是流量方面拼多多平台都比其他平台更具优势。不管是参加拼多多的哪一种活动，其实大体的做

法都差不多。建议卖家在开始做的时候，先进入平台找到行业的相关商品，然后查看其销量，接着用一个表格进行记录，看看哪一款商品销售得比较好并且找出原因，然后观察一段时间，大概了解清楚该平台的活动力度，做好相关准备。

### 2．明确活动的要求

活动要求包括整个活动的注意事项及报名环节的提示内容；阅读相关要求、按要求行事可以帮助卖家快速报名参与活动。但必须要明确活动的要求，有的放矢，否则将白白浪费时间。

### 3．选好商品款式

新手们在这点上要特别注意，选好商品款式是一件很重要的事，选好了后期推广营销的压力就没那么大，选不好的话可能会白忙活。活动的本质不是突破零销量，而是为网店增加销量。参加营销活动的应该是店铺内相对热卖的商品，以爆引爆，也就是说，用爆款去支持店内的其他商品，通过关联营销带动其他商品的销售。

### 4．做好售前准备和售后总结

很多卖家并不重视售前准备，觉得不是很重要。实际上，无论什么活动，售前准备工作都十分重要。在商品准备上线之前一定要把标题、商品详情页、关联营销、搭配套餐、推荐商品都弄好，尽可能把细节问题都处理好，减少买家的顾虑和客服的压力。

活动结束后，售后总结也是很有必要的。很多卖家会采取活动抽奖的形式来感谢买家的支持，这主要是为了维持与老客户间的关系。要知道，留住一个老客户比找到一个新客户要简单很多，效果也要好很多。做好售后总结，不仅能够找出活动中存在的问题，发现不足，还能为下一次活动积累经验。

## 9.6　打造爆款过程中常见的误区

爆款就像网店的一匹千里马，能让网店在一夜之间人尽皆知。当然这是建立在爆款能带动全店销量的基础之上的，如果店铺中只有爆款的销量高，那么店铺想火起来就很难。打造爆款的过程中常见的误区有以下 5 种。

### 1．盲目抄袭

很多卖家看到拼多多上一款商品在热卖，就会去找同款式的商品，其实这是一个误区。"成交量"这个词有很强的滞后性,成交量高,意味着商品正处在生命周期中的"成熟期",虽然当下销售火爆,但也意味着不久后这个商品就将进入"衰退期"。

## 2.没有做好文案和客服管理

在购物引导中,要多下点功夫在文案和客服上,帮助买家正确选择。买家的错误选择或者错误期望,将导致低评分或者高退货率,最终店铺的搜索权重会降低。

## 3.很多卖家往往"只爆单品不爆店"

目前,销量对搜索结果的影响仍然是搜索优化的核心,毕竟销量及评价极大地影响着拼多多的整体转化率。但销量对于搜索的影响已经发生了方式上的改变。过去卖家喜欢将全部营销资源集中在少数爆款上,但随着时间权重的下降和个性搜索条件影响的加大,这个方式已经不再是最佳方式了。

店铺应该适当分散营销资源,创造更多的动销品种,每个品种都有不错的累积销量和 7 天销量,而不是把全部资源都集中在少数爆款上,这就是"多个小爆款"战略。图 9-13 所示的店铺中,多个爆款商品的销量都很好。

图 9-13

## 4. 忽视搜索点击率

搜索优化争取的其实是"展现量"，而不是真正的流量。相同的展现量，点击率提高30%，自然搜索流量当场就能上升30%，所以这是不是很值得重视？提高商品的点击率，不但可以多快好省地提高自然搜索流量，而且可能会提高搜索权重。

## 5. 忽视商品描述

做了推广就一定会提高销量的想法是错误的，没有强硬的"内功"支撑，推广几乎起不到任何作用。卖家应完善商品页面，让买家有良好的购物体验。爆款都是有着很详细、精准的商品描述的，因此，做好商品描述是十分重要的。

# 9.7　借助微信打造爆款

微信有着更高的用户打开率和交流效率。下面介绍拼多多店铺如何借助微信打造爆款。

## 1. 朋友圈

目前微信朋友圈有地方特产、服装等各种买卖交易。在微信做的生意是一种新的"朋友销售模式"。有些人在朋友圈营销，获取了极大的收益，也交到了更多的朋友。在朋友圈营销需要哪些技巧呢？

在朋友圈能积极、努力地去营销固然很好，但是一定要有一个度，千万不要影响了朋友的购物体验。下面介绍一些常用的推广方法。

（1）自己试用。一个商品好还是坏，比较有说服力的就是自己的试用体验。为了打消朋友的某些顾虑，卖家可以上传自己试用的照片和体会，这样也能让朋友感觉更亲切。

（2）朋友的评价。仅凭自己宣传，转化率不会太高，要是有第三个人说你的商品好，往往更容易得到其他客户的认可。卖家可以在朋友圈展示购买了商品的朋友对商品的评价等。

（3）工作照片。卖家要证明自己推荐的商品好，可以从工作环境入手，比如在朋友圈中发大量包裹单、生产基地等的图片。

（4）品牌文章分享。一个商品要有说服力，品牌形象一定要做得比较好，所以适当地宣传品牌还是有必要的，尤其是对于要打造新品牌的卖家来说。

（5）商品介绍。直接对一个商品进行介绍，虽然这看起来是比较"硬"的广告，效果可能差一些，但是对于一些需要展示的商品来说，也是必不可少的，比如被子、十字绣、衣服，都是需要进行介绍的。

（6）活动。比如抽奖、集赞就送、折扣等活动，用折扣或者优惠来吸引朋友的注意。图9-14所示为集赞活动。

图 9-14

## 2．微信群推广

通过微信群发布的任务，其转化率也是非常高的。有些群很长时间都没有发布过信息，这样的群也没有什么价值。而有些群里充满了广告，让人反感，很多人直接就屏蔽群信息了，也不能发挥群的价值。所以维护群是很重要的。可以安排几个管理员，每天分享一些话题，引导群用户关注互动，或者定时定点发红包，增加群用户的黏性。只有让群用户感到群的价值，群用户才会愿意留下来。通过不刷屏的方式维持群的活跃度是很重要的。

## 3．营销活动

营销活动是指通过整合有效的资源策划大型活动而迅速提高商品及品牌知

名度、美誉度和影响力，促进商品销售的一种营销方式。

线上营销活动是近年来比较流行的一种营销活动，它不受场地、空间、时间的限制，只要有好的策划和创意，线上活动就能够发挥比较好的效果。

## 4．二维码营销

与以往所有的营销手段相比，二维码营销像是拥有了一家便捷的"移动商铺"。户外广告有面积的限制，平面媒体有版面的约束，电视广告则有时间的考虑，而二维码由于具有相当大的信息量则完全可以忽略这些制约因素，让买家在对其感兴趣的时候，用手机及时浏览微信上的所有内容。

# 第10章 网店物流与包装管理

网上开店做生意，物流是一个非常关键的因素。很多网店经营的成败都被物流左右着，因此，作为一个网店的经营者必须对此高度重视和关注。互联网的发展为网络购物提供了足够多的便利条件，从商品展示到咨询洽谈，从出价购买到支付货款，交易双方通过互联网可以轻松地完成绝大部分的交易环节。然而，除了虚拟物品以外，实物商品的运输和配送环节必须通过与线下的各种物流公司进行合作来完成。

# 10.1 选择合适的物流方式

网店经营作为一种新型的商务模式，代表着商务发展的新方向，网上交易商品的配送需要通过物流来完成，网店的物流方式大致有如下几种。

## 10.1.1 选择邮政业务

中国邮政集团有限公司和快递公司是网店卖家合作最多的物流部门，选择邮政发货的主要原因是其网点多。因为很多村镇并没有快递网点，而中国邮政起步较早，网点已经覆盖了很多偏远的地区和农村。

### 1. 平邮

平邮是比较常见的一种邮寄方式。邮局的包装材料比较好，但是价格比较贵，如果该笔交易的利润高，当然可以选用邮局提供的包装，也可以自备剪刀和胶带制作一个包装材料。如果是易碎品，至少要包装两层，还要有夹层（有气泡膜最好）。此外，还可以使用打折邮票，节省邮费。要对物品的质量大小进行控制，不要超重。

邮费由以下几项内容组成。

（1）挂号费。3元，全国统一。

（2）保价费。可以选择不保价，不保价的包裹不收取保价费。

（3）回执费。可以不使用回执服务，不用回执的包裹不收取回执费。

（4）资费。距离不同每千克商品对应的资费不同。商品包装包括纸箱、布袋、包装胶带等。邮局的纸箱、布袋等是要收费的，卖家也可以自己找纸箱并缝制布袋进行包装，但是包装必须符合规定。

（5）运输时间。视距离远近，一般为 5 ~ 30 天，速度比较慢。

（6）安全保障。每个包裹都有单号，卖家和买家可根据单号查询投递状况。如果邮寄时进行了保价，在包裹丢失后可以按保价金额进行赔偿。如果邮寄时没有进行保价，在包裹丢失后按最高不超过邮费的两倍进行赔偿。

### 2. 快递包裹

快递包裹是中国邮政为适应社会经济发展，满足用户需求，于 2001 年 8 月

1 日在全国范围内开办的一项新业务，它以快于普通邮政包裹的速度、低于特快专递包裹的费用，为人们的物品运输提供了一种全新的选择。

邮局快递包裹的基本特点如下。

（1）邮费单价邮局统一规定，价格相对较高。

（2）邮寄速度一般。

（3）对邮寄物品属性有严格要求。

（4）安全保障性能较强，服务规范。

## 3. EMS

EMS 的中文意思就是邮政特快专递服务，是中国邮政的一个服务产品，主要是采取空运方式，加快递送速度。一般来说，根据地区远近，EMS 可在 1 ~ 4 天内将包裹送达。EMS 安全可靠且送货上门，送达时间比前两种方式都要快，运费也是相对较高的，因此，EMS 比较适合买家对于收到商品有较高的时间要求或是国际商务派送等情况。

## 4. E 邮宝

E 邮宝是中国邮政集团有限公司与支付宝打造的一款国内经济型速递业务，专为中国个人电子商务运输而设计。E 邮宝采用全程陆运模式，其价格较普通的 EMS 有大幅度下降，大致为 EMS 的一半，但客户享有的中转环境和服务与 EMS 几乎完全相同。

## 10.1.2 选择快递公司

目前，国内市场上除了中国邮政集团有限公司之外还有快递公司，快递公司运用自己的网络进行快递服务。市场上主要的快递公司有圆通快递、顺丰速运、申通快递等。

如果通过快递公司发货，周边城市一般可以做到"今发明至"，国内大中城市的到货时间也只有 2 ~ 3 天。快递公司采用门对门收发货的方式，同时还提供网上查询物流的服务。因此，很多卖家和买家都选择了快递这一物流方式。

### 10.1.3 选择物流托运

对于物品的包装和标记，在托运前必须严格按照合同中的有关条款协议的要求去办理。大件物品一般使用铁路托运。

**1. 汽车托运**

选择汽车托运时，运费可以到付，也可以现付。货物到了之后送货方可能会再向收货方收 1 ~ 2 元的卸货费。一般的汽车托运不需要保价，当然，有条件的话最好选择保价，保价费一般是物品价值的 4‰。收货人的电话号码最好能写两个，确保能接到电话通知。

**2. 铁路托运**

相比之下铁路托运的价格更低，速度也更快，但是只能运输到火车能够到达的地方。火车站都有价格表。使用铁路托运时，如果你已经将物品包装好了，还会再贴上"小心轻放"的小标签。铁路托运价格比较低，一般需要拿传真件和身份证提货，运费得现付，不太方便。

**3. 物流公司**

物流公司的发货方式和其他托运站不太一样，托运站一般是点对点的。但物流公司不同，其会转到一个城市中的几个点。物流公司的运输速度很慢，中转次数很多，并且货物上车下仓库很多次，容易造成破损。

## 10.2 计算运输费用

卖家在发布商品时就要填写运费，但是一些新卖家不知道具体的运费。如果运费填写得低了，自己就亏了。但如果运费填写得高了，有些买家会认为卖家故意多收几元的运费，从而对卖家产生不好的印象，卖家甚至会失去一些潜在买家。下面讲述如何查询快递运费、平邮运费，以便卖家提前知道运费并进行合理设置。

### 10.2.1 查询快递公司的运费

在各大快递公司的官方网站，卖家和买家可以快速查询将物品快递到各地的运费，这里以顺丰速运为例，具体操作步骤如下。

（1）登录顺丰速运官方网站，单击【运费时效查询】按钮，如图 10-1 所示。

图 10-1

（2）进入【运费时效查询】页面，在【始发地】和【目的地】处选择地址，并填写【重量】和【寄件时间】，如图 10-2 所示。

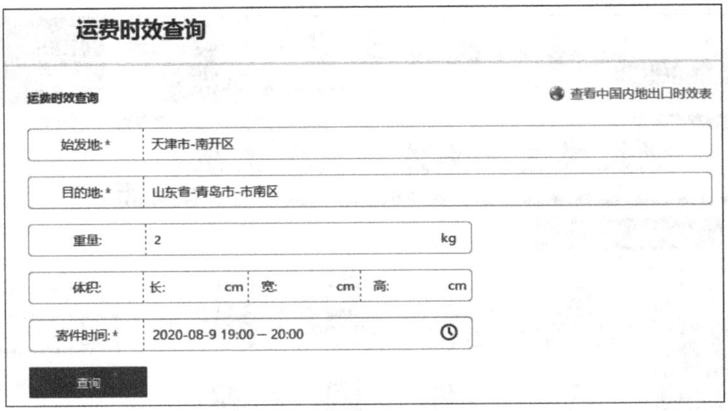

图 10-2

（3）单击【查询】按钮，弹出结果页面，在此页面中会显示查询到的物流价格和预计时效，如图 10-3 所示。卖家可以去其他快递公司的官网查询，进行比较，选择最优惠的物流公司，以节约运输成本。

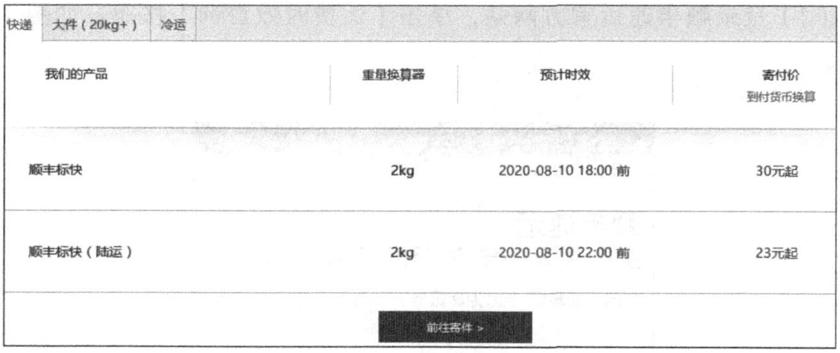

| 快递 | 大件（20kg+） | 冷运 | | |
|---|---|---|---|---|
| 我们的产品 | | 重量换算器 | 预计时效 | 寄付价<br>到付货币换算 |
| 顺丰标快 | | 2kg | 2020-08-10 18:00 前 | 30元起 |
| 顺丰标快（陆运） | | 2kg | 2020-08-10 22:00 前 | 23元起 |

前往寄件 >

图 10-3

## 10.2.2 查询邮局的运费

有些快递不到的地方，一般会采用邮政包裹的方式运输。当买家问你，邮政包裹的实际运费是多少时，你应该怎么回答他呢？下面告诉大家一个可以查询邮政包裹运费的方法，具体操作步骤如下。

（1）进入中华人民共和国国家邮政局网站，单击【在线服务】下的【查询服务】按钮，如图 10-4 所示。

图 10-4

（2）进入【在线服务】页面，选择【邮政普通包裹寄递服务资费查询】，如图 10-5 所示。

图 10-5

（3）进入查询页面，选择【寄出省】和【寄达省】，例如要查询北京市到江西省的普通包裹费用，输入地址和重量信息，然后单击【资费查询】按钮，即可查询，如图 10-6 所示。

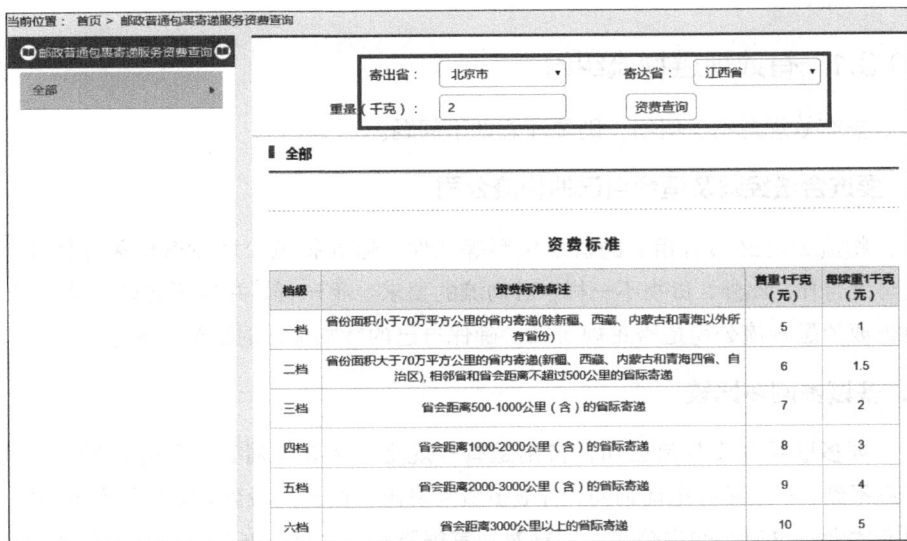

图 10-6

（4）页面下方会显示查询的结果，可以看到标准价格，如图 10-7 所示。

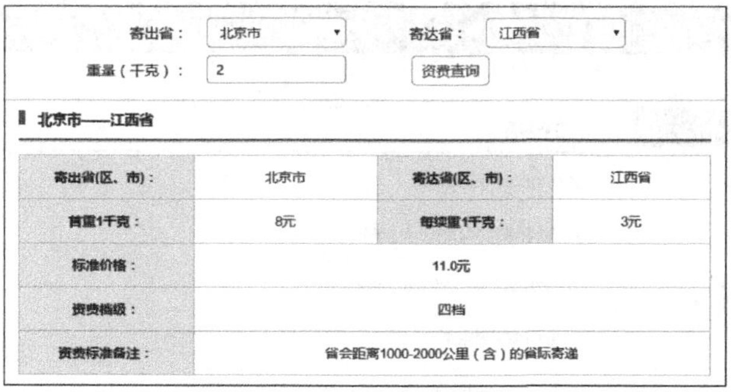

<table>
<tr><td colspan="4">寄出省：北京市　寄达省：江西省<br>重量（千克）：2　　资费查询</td></tr>
</table>

| 寄出省(区、市)： | 北京市 | 寄达省(区、市)： | 江西省 |
|---|---|---|---|
| 首重1千克 | 8元 | 每续重1千克 | 3元 |
| 标准价格 | | 11.0元 | |
| 资费梯级 | | 四档 | |
| 资费标准备注 | | 省会距离1000-2000公里（含）的省际寄递 | |

图 10-7

# 10.3　避免和解决物流纠纷

作为新手卖家，除了保证商品质量外，还要提供优质服务和有竞争力的价格。无论售前还是售后，卖家都应该能够轻松做到对买家热情相待，但卖家也不能保证将货交给快递公司后便无事发生，因此卖家能做的只有尽量避免和解决物流纠纷。

## 10.3.1　有效规避物流纠纷

要有效规避物流纠纷，则要注意如下问题。

### 1. 要选合法经营及适合自己的物流公司

物流公司必须有相应的营业执照等证件，假如物流公司没有相关证件就不能与之合作。此外，货物不一样，对物流的要求也不一样，并且不要只在乎价格，更重要的是物流公司是否正规可靠，确保自己的货物能按时送到买家手中。

### 2. 多试多问多比较

要多联系几家物流公司，特别是有些规定一定要问清楚。另外，发货好几天还不到，一定要打电话询问，有很多货物发出了四五天没到，等到买家询问时，卖家才会打电话给快递公司，这样对卖家很不利，时间一长货物很容易丢失。

### 3. 贵重货物可以保价

一般情况下，同城配送的安全性还是较高的，但送到地级以下的小县城时，卖家应先到快递公司的网站上查询该快递公司在目的地有没有网点和分部。

#### 4. 售前充分说明物流货运情况，控制买家预期

卖家售前通过页面介绍或与买家沟通时，要解释物流复杂的流程及时间不可控的特点，因此难免会发生包裹配送延误，甚至丢失的状况，希望买家给予理解，同时也要表明自己积极解决问题的态度。

#### 5. 发货和运送过程中主动与买家沟通

收到买家的付款之后，卖家可回复买家并告知订单已在处理中，会尽早发货，表明积极的服务态度，相当于提前给买家打了一剂"物流预防针"。卖家应尽量在 24 小时内发货，发货时注明快递单号和查询网址，以及符合合理预期的送达时间。

#### 6. 填好发货单

当货物包装好后，就要填写发货单了，这里卖家需要注意，一定要把收件人的详细地址、电话、收件人姓名等写清楚。有时也会有个别客户对到货时间有要求，那么一定要在发货单上面注明。货物编号及物流过程中需要注意的方面也要写明。

#### 7. 大件物品选货运

如果卖家卖的是大件物品，一定要用货运，这样比较划算，但是一些货运公司一般需要买家自行去货场提货，所以这点一定要事先确认好并和买家说明。

#### 8. 及时处理买家关于未收到货的询问

当买家的询问得不到及时解答的时候，买家有权发起相应的投诉。所以，如果有买家来询问未收到货的问题，卖家要在第一时间和买家解释并提供解决方案，这样可以避免部分买家发起投诉。

### 10.3.2 发生物流纠纷的解决办法

大多数卖家都会遇到物流纠纷，那么物流出现问题后，怎样做才能使双方都满意呢？

（1）注意心态。卖家经常发货，难免出现问题，要有这个心理准备。出现问题也没什么大不了的，解决问题就是了。很多卖家不能以一个平和的心态来对待问题，但要知道，买家跟卖家是平等的，同样卖家跟物流公司也是平等的。

（2）注意买家。一般买家都会问几天能收到货，现在的快递在全国范围内，2～4天就能到货，偏远一点的地区要4～5天，同城配送一般是今天发明天到。卖家可以这样回答买家：一般是3～5个工作日送到。因为时间上要留一些余地，不要把自己逼得一点点处理意外的时间都没有，要知道快递晚到的可能性是很大的，时间说长点，一是给买家一个心理准备，二是晚到的话自己也不至于太被动，三是如果提前到的话买家会很高兴。

（3）注意物流。卖家要跟物流公司谈好出现问题后怎么解决，遵循平等合作、和谐的原则。如晚到的情况怎么解决，磕碰碎裂的情况怎么解决，态度不好怎么解决，都达成文字协议比较好，这样出现问题时都可按协议处理。

在制定文字协议时，可以让业务员帮忙，因为业务员比较熟悉公司的具体情况，而且比较清楚公司到底哪个方面容易出问题，也比较容易知道内情，方便追回货物。

（4）建议向买家提供两种以上的解决方案（退款或重寄等）供其选择，这样可以照顾到买家的感受和提高解决问题的效率。

## 10.4 仓储管理

在企业物流中，仓储管理是一个基本的环节，是指对仓库及其库存商品的管理，仓储系统是企业物流系统中不可缺少的子系统。

### 10.4.1 检验商品

电子商务公司发展到一定的阶段，都会设立专门的物流部门来对库存商品进行更系统化和规范化的管理，或者根据公司的经营特点设计一个企业资源计划（Enterprise Resource Planning，ERP）系统进行管理。ERP 系统是一个在全公司范围内应用的、高度集成的系统，其数据在各业务系统之间高度共享，所有源数据只需要在某一个系统中输入一次，保证了数据的一致性，可以实现即时交易管理、动态库存管理和财务管理。

当供货商将商品运至仓库时，负责收货的人员必须严格认真地检查，查看商品外包装是否完好，若出现破损或临近失效期等情况，要拒收此类商品，并及时上报相关主管部门。

确定商品外包装完好后，再依照订货单和送货单核对商品的品名、等级、规格、数量、单价、合价、有效期等内容，仔细检查商品的外观有无破损和明显的污渍，做到数量、规格、品种都准确无误，商品质量完好、配套齐全，之后方可入库保管。

## 10.4.2 编写货号

每一款商品都应该有一个货号，即商品编号，编写货号的目的就是方便进行内部管理，在店铺或仓库里找货、盘货时都将更方便。最简单的编号方法是"商品属性＋序列数"，具体做法如下。

（1）区分商品的类别，如手机小饰品、耳环、项链、戒指、吊坠、毛衣链等。

（2）对应写出每一类别的名称的汉语拼音，确定各商品类别的缩写字母，如耳环缩写为 EH、项链缩写为 XL、戒指缩写为 JZ、吊坠缩写为 DZ 等。

（3）数字编号可以是两位数字或三位数字，视该类商品的数量而定，但也要以发展的眼光来看待商品的数字编号，因为商品款式可能会越来越多，要留有增加的余地。

如果销售的是品牌商品，厂家一般都有标准的货号，就不需要再编写货号了，只需照原样登记即可。但是，要学会辨认厂家编写的货号，因为货号其实就是商品的一个简短说明。

服装类商品因为款式繁多，所以其货号编写规则往往更加复杂，例如，特步的每款商品都有对应的货号，只要了解特步编写货号的规则，今后一看货号就能知道是什么商品，买家咨询时也能马上明白其询问的是什么商品。

## 10.4.3 入库登记

商品验收无误并正确编写货号后，即可登记入库。要详细记录商品的名称、数量、规格、入库时间、凭证货码、送货单位和验收情况等，做到账、货、标牌相符。

商品入库后，卖家还要按照不同的商品属性、材质、规格、功能、型号和颜色等对其进行分类，然后分别放入货架的相应位置进行存储。卖家要根据商品的特性来保存商品，注意做好防潮处理，以保证仓储商品的安全。做入库登记时要保证商品的数量准确、价格无误；在商品出库时，为了防止出库商品出现差错，必须严格遵守出库制度，做到凭发货单发货，无单不发货。

# 10.5 各类商品的包装方法

买家拿到商品时最先看到的是包装，所以要在包装上给买家留下一个非常好的印象。美观大方、细致入微的包装不但能够保证商品安全到达买家手中，而且能够赢得买家的信任。下面介绍一些常见的商品包装方法。

## 10.5.1 服装类商品

服装类商品在包装时可以用不同种类的纸张（牛皮纸、白纸等），以防止被弄脏。如果要用报纸的话，里面还应加一层塑料袋。遇到形状不规则的商品，可预先用胶带封口，再用纸包住手提袋并用胶带固定，以减少磨损。

（1）自制布袋。卖家可以废物利用，把家里面不用的床单、被套、窗帘、衣服等根据邮寄商品的大小缝制成布袋，可以缝两层，这样比较结实。也可以买些白布自己剪裁缝制，真正做到经济实惠。不过在衣服的外面一定要套层塑料袋，防止遇到下雨的天气，衣服被弄脏。

（2）纸箱。纸箱的优点是比较结实，衣服放在里面比较安全，损坏的可能性不是很大。不过，衣服外面最好用塑料袋包好，再放入纸箱，纸箱选择 3 层的就可以了。纸箱可以在网上购买，也可去邮局购买，邮局出售的纸箱厚，价格贵，最省钱的方法就是平时收集免费的纸箱，将纸箱反过来，自己裁剪，然后用胶带粘好。

（3）快递专用加厚塑料袋。这个可以在网上购买，价格不贵，普通大小的塑料袋一般只需 0.3 ~ 0.7 元，其特点是防水，用来邮寄纺织品的确是个不错的选择，经济实惠，方便安全。

## 10.5.2 首饰类商品

首饰类商品一般都需要附送首饰袋或首饰盒，卖家通过以下方法可以把首饰包装得更好。

（1）一定要用纸箱包装。对于首饰来说，3层的12号纸箱就够用了。为了节约成本，卖家可以到网上购买纸箱，一般网上的价格比邮局的价格低很多。

（2）一定要以报纸或泡沫等填充物填充，以便让首饰盒或首饰袋在纸盒里不晃动。

（3）纸箱的4个角一定要用胶带包好。因为邮寄的时候有很多不确定因素，比如在配送过程中，另有一件有液体商品和你的商品放在一起，一旦这个液体商品的包装不严密，发生泄漏，你的商品就会被浸泡。所以，纸箱的4个角一定要用胶带包好，这样能有效地防止撞击。

## 10.5.3  液体类商品

邮局对液体类商品有专门的邮寄办法：先用棉花裹好，再用胶带缠好。在包裹时一定要封好开口处，可以用胶带用力绕上几圈，然后用棉花将其整个包住。可以包厚一点，最后再套一层塑料袋，这样即使液体漏出来也会被棉花吸收，并有塑料袋做最后的保护，不会流到纸盒外面影响到别人的包裹。

至于香水，可以到五金店或是专门的塑料用品商店，买一些透明的气泡纸，在香水盒上多裹几圈，然后用胶带将其紧紧封住。但是为了确保安全，最后要把裹好的香水放在小纸箱里，可以再塞些泡沫块。

## 10.5.4  电子产品、贵重精密仪器类商品

电子产品是结构很精密的商品，包装也很讲究。包装时要用到纸箱、托盘。在商品比较轻的情况下可以用纸箱，如有需要也可以使用木箱。在对这类怕震动的商品进行包装时，可以用海绵、气泡膜、防静电袋等包装材料先将其包装好，并用瓦楞纸在商品边角或者容易磨损的地方加强包装保护，并且要用填充物（如报纸、海绵或者防震气泡膜等有弹力的材料）将纸箱空隙填满。这些填充物可以阻隔及支撑商品，减小撞击力，避免商品在纸箱中摇晃受损。图10-8所示为包装电子产品的气泡袋。

图 10-8

## 10.5.5　易碎商品

　　这一类商品包括瓷器、玻璃制品、CD 光盘、杯具茶具、字画、工艺品等。对于这类商品，包装时要多用些报纸、泡沫塑料、海绵或者泡沫网等，这些填充物重量轻，而且可以缓和撞击。一般易碎怕压的商品四周都应用填充物充分地填充。尽量多用聚乙烯材料而少用纸壳、纸团等进行包装，因为纸要重一些，而聚乙烯材料的膨胀效果好且比较轻。图 10-9 所示为包装易碎商品的泡沫箱。

图 10-9

　　包装易碎商品时要注意如下事项。

　　（1）要在易碎商品四周包上泡沫塑料。

　　（2）把易碎商品放到盒子或者箱子里时，要使其不会在里面晃动。

　　（3）如果有易碎商品的标签就贴上，箱子四周写上"易碎商品，勿压、勿摔"，提醒快递员在装卸货过程中小心操作，避免商品损坏。

# 第11章　培训和管理客服

随着众多网店规模的不断壮大，仅仅靠店主一人是处理不了每天庞大的订单量的，由此网店客服开始负责细分的工作。网店客服通过网络即时通信工具，管理网店、接受客户的网上咨询并达成销售意向、处理售后问题等。人才是网店经营制胜的法宝，重视人才是事业发展的关键。一个有智慧的店主必定是识人、用人的高手，店主只有培训和管理好客服，才能将网店进一步做大。

# 11.1 客服的意义

也许今天的你刚刚踏入拼多多店主的行列，正在学习如何经营好一个网店。也许今天的你已经经过了一段时间的奋斗，网店经营得非常好，希望借助团队的力量获得进一步的发展，那客服就是其中非常重要的一个环节。客服对网店的经营主要有以下几个作用。

## 1. 塑造网店形象

对于一个网上店铺而言，买家看到的商品都是一张张图片，而看不到卖家，无法了解网店的实力，往往会产生距离感和怀疑。这时，买家通过和客服在网上的交流，可以切实感受到卖家的服务和态度。客服的一个亲切的问候，会让买家感觉他不是在跟冷冰冰的电脑和网络打交道，而是和一个善解人意的人在沟通。这样会帮助买家卸下戒备，从而在买家心目中塑造出网店的良好形象。当买家再次购物的时候，也会优先选择那些他所了解的网店。

## 2. 提高成交率

现在很多买家都会在购买之前咨询卖家有关商品的问题。客服能够随时回复买家的疑问，让买家及时了解想要了解的内容，从而达成交易。有时买家不一定是对商品本身有疑问，仅仅是想确认一下商品描述是否属实、是否还有货等，这时客服就可以打消买家的很多顾虑，促成交易。

同时，对于一个犹豫不决的买家，一个有着专业知识和良好的销售技巧的客服，可以帮助其选择合适的商品，促成买家的购买行为，从而提高成交率。

有时候买家拍下了商品，但是并不一定着急要，这时客服可以及时跟进，通过向买家询问收货地址等督促买家及时付款。

## 3. 客户回头率

当买家完成了一次良好的交易，买家不仅了解了卖家的服务态度，也对卖家的商品、服务等有了切身的体会。当买家需要再次购买同样的商品时，就会倾向于选择他所熟悉和了解的卖家，从而提高了买家再次购买的概率。

## 4. 更好地服务买家

把网店客服的工作职责仅仅定位于和买家进行网上交流是不对的，与买家进行网上交流仅仅是服务买家的第一步。一个有着专业知识和良好的沟通技巧的客服，可以给买家提供更多的购物建议，更完善地解答买家的疑问，更快速地对买家的售后问题给予反馈，从而更好地服务买家。

## 11.2 客服需具备的知识

下面总结了网店客服的基本能力要求和专业知识要求，给那些新网店店主和刚入职的客服介绍一些经验。

### 11.2.1 商品专业知识

客服应当对商品的种类、材质、尺寸、用途、注意事项等都有了解，最好还能了解行业的有关知识，熟悉商品的使用方法、洗涤方法和修理方法等。

比如买家在网上购买服装时，最大的担忧就是怕所选服装不适合自己，穿上之后达不到自己想要的效果。客服需要用自己对服装的款型、价格、质地等的理解帮助买家打消疑虑，并且要做到随问随答。客服给买家提供信息时，简略突出重点是最主要的。

不同的商品可能只适合部分人群，比如化妆品，有一个肤质的问题，不同肤质的买家在选择化妆品时会有很大的差别；比如内衣，不同年龄、生活习惯以及不同需要的买家，适合不同的内衣款式；比如玩具，有些玩具不太适合婴儿。这些情况客服都需要有基本的了解。

### 11.2.2 平台交易规则

如今是电子商务的时代，网络如此发达，越来越多的人选择在网上购物，很多人都想要做电商赚钱，但不管在哪个电商平台上开店都是有要求的，我们只有了解平台的规则和要求，做好充分的准备才能顺利开店。店铺在运营的过程中，首先要遵守国家的法律法规，其次要遵守平台规则。

拼多多网店的客服应该从卖家的角度来了解拼多多的交易规则，更好地把握自己的交易尺度。有的时候，买家可能是第一次在拼多多上交易，不知道该如何进行，这时，客服除了要指导买家去查看拼多多的交易规则外，在有些细节上还需要一点点地指导买家如何操作。

此外，客服还要学会查看交易详情，了解如何付款、修改价格、关闭交易、申请退款等。

## 11.2.3 付款知识

现在网上交易一般通过微信、支付宝和银行卡等方式进行。银行卡付款一般建议用转账的方式，可以网上银行付款、柜台汇款，同城还可以通过 ATM 机完成汇款。客服在告知买家付款方式时，应详细说明是银行卡还是存折、是哪种银行卡、银行卡和存折的号码以及收款人姓名等重要信息。

客服应该建议买家尽量采用微信或支付宝等付款方式完成交易，如果买家因为各种原因拒绝使用微信或支付宝交易，客服需要判断买家确实是不方便还是有其他的考虑。如果买家有其他的考虑，应该尽可能打消买家的顾虑，促成其完成交易。如果买家确实不方便，应该向买家询问他所熟悉的银行，然后提供相应准确的银行账户，并提醒买家付款后及时通知。

## 11.2.4 物流知识

客服还应该了解下面的一些物流知识。

（1）了解不同的物流方式。

- 邮寄，邮寄分为平邮（国内普通包裹）、快邮（国内快递包裹）、EMS，最好还应了解国际邮包（包括空运、陆运、水运）。

- 快递，快递分为航空快递包裹和汽车运输快递包裹。

- 货运，货运分汽车运输和铁路运输等。

（2）了解不同物流方式的运费：如何计费，运费的商量余地等。

（3）了解不同物流方式的运输速度。

（4）了解不同物流方式的联系方式，在手边准备一份包含各个物流公司电话的联系单，同时了解如何查询各个物流公司的网点情况。了解物流公司的邮政编码、邮费查询方式等。

（5）了解不同物流方式办理查询的流程。

（6）了解不同物流方式的包裹撤回、地址更改、状态查询、保价、问题件退回、代收货款、索赔等的处理方式。

## 11.3 树立端正的态度

客服树立端正的态度是很重要的，好的客服态度能留住买家，促成交易。

### 11.3.1 微笑是对买家最好的欢迎

当客服迎接买家时，哪怕只是一句轻轻的问候也要附上一个真诚的微笑。虽然在网上与买家交流时是看不见对方的，但言语之间买家是可以感受得到你的诚意与服务的。多使用网络即时通信工具中的表情，无论哪一种表情都会将你的情感讯号传达给对方。在说"欢迎光临""感谢您的惠顾"的同时也要加上一个微笑的表情，加与不加给人的感受完全是不同的。

### 11.3.2 保持积极的态度，树立买家至上的理念

当售出的商品有问题时，不管是买家的问题还是快递公司的问题，都应该及时解决，而不应采用回避、推脱之类的解决办法，要积极主动地与买家进行沟通。对买家的不满要敏感，尽量让买家觉得自己是被重视的，尽快处理买家的反馈意见，让买家感受到尊重与重视。除了与买家进行金钱交易之外，我们更应该让买家感觉到购物的乐趣和满足。

### 11.3.3 礼貌待客

礼貌待客，让买家真正感受到你对他的尊重。买家进入店铺，客服可以先说"欢迎光临，请多多关照"，或者"欢迎光临，请问有什么可以帮忙吗"，会让人有一种亲切感，并且可以先培养一下与买家的感情，这样买家心理上的抗拒就会减弱或消失。有时买家只是随便到店里看看，我们也要诚心问候欢迎。对于彬彬有礼、礼貌非凡的客服，谁都不会把他拒之门外。礼貌待客是一种心理投资，不需要很大代价，但可以收到非常好的效果。

### 11.3.4 坚守诚信

网络购物虽然方便快捷，但是交易的双方看不到摸不着。买家面对在网上出售的商品难免会有疑虑和戒心，所以客服必须要用一颗诚挚的心对待买家，

像对待朋友一样，包括诚实地解答买家的疑问、诚实地告诉买家商品的优缺点、诚实地向买家推荐适合他的商品。

客服坚守诚信还表现在，一旦答应买家的要求，就应该切实地履行自己的承诺，哪怕自己吃点亏，也不能出尔反尔。

### 11.3.5 凡事留有余地

在与买家交流的过程中，不要用"肯定、保证、绝对"等字眼儿，这不等于你售出的商品是次品，也不代表你对买家不负责任，而是不让买家有失望的感觉。因为每个人在购买商品的时候都会有一种期望，如果你满足不了买家的期望，最后就会变成买家的失望。比如卖化妆品，每个人的肤质是不同的，你敢保证你售出的商品在几天或一个月内一定能达到买家的期望吗？你能保证快递公司不误期吗？快件不会丢失、损坏吗？为了不让买家失望，客服最好不要轻意地保证。用"尽量""努力""争取"等字眼儿效果会更好。多给买家一点真诚，也给自己留有一点余地。

### 11.3.6 处处为买家着想，用诚心打动买家

让买家满意的重要一点体现在真正为买家着想。处处站在买家的立场考虑，把自己变成一个买家助手。在网上购物与在线下购物不同的是，买家还要另外多付一份运费。卖家就要尽量为对方争取到最低的运费，甚至是不需要运费。买家在购买时，客服可以帮助买家将所购的商品分类打包，建议买家采取多样化的采购策略以节省运费。以诚感人，以心引导买家。

### 11.3.7 多虚心请教，多听听买家的声音

当买家进入网店时，我们并不能马上判断买家的需求。所以需要先问清楚买家的意图，了解其具体需要什么样的商品，是送人还是自用，是送给什么样的人等。了解清楚买家的情况，才能对买家进行定位，确定买家属于哪一类消费者，比如学生、白领等。尽量了解买家的需求与期待，努力做到只介绍对的不介绍贵的商品给买家。

当买家表现出犹豫不决或者不明白的时候，客服应该先问清楚买家感到困惑的内容是什么，是哪个方面不清楚。如果买家表述得也不清楚，客服可以把自己的理解告诉买家，问问买家是不是这个意思，然后针对买家的疑惑给予解答。

### 11.3.8　要有足够的耐心与热情

客服常常会遇到一些买家，喜欢打破砂锅问到底。这时候客服需要耐心热情地回复，给买家信任感。要知道，爱挑剔的买家才是好买家。有些买家问完了所有问题也不一定会立刻购买，此时客服不能表现出不耐烦，就算买家不买也要说声"欢迎下次光临"。如果客服的服务好，那么买家有可能会在下次购买。砍价的买家也是常遇到的，砍价是买家的天性，可以理解。在彼此能够接受的范围可以适当地让利，如果确实不行也应该委婉地回绝。比如说"真的很抱歉，没能让您满意，我们会争取努力改进"，或者引导买家换个角度来看这件商品，让他感觉物有所值，这样他就不会太在意价格了，也可以建议买家货比三家。总之要让买家感觉你是热情真诚的。千万不可以说不能还价等话语。

## 11.4　与买家沟通的基本技巧

在知识经济时代的市场竞争中，唯有整合团队的力量，群策群力，共同拼搏，才是成功取胜之道，这在当今各行各业中已是普遍的共识。然而要成功经营一个高绩效的团队，没有良好的组织沟通技巧是不可能的。客服在与买家沟通的过程中，说话要有技巧，沟通要有艺术；良好的沟通可以助你生意兴隆，也可以使买家不断复购。下面介绍一些基本的沟通技巧。

### 1. 使用礼貌、有活力的沟通语言

态度是个非常有力的武器，当你真正把买家的最佳利益放在心上时，他自然会以积极的购买行为来回应你的行动和态度。而良好的沟通能力是非常重要的。沟通过程中其实最关键的不是你说的话，而是你如何说话。

让我们看下面的例子，来感受一下不同说法的效果。

"您"和"××您"比较，前者正规客气，后者比较亲切。

"不行"和"真的不好意思哦"，"嗯"和"好的，没问题"都是前者生硬，后者比较有人情味。

"不接受见面交易"和"不好意思我平时很忙，可能没有时间和您见面交易，请您理解哦"相信大家都会认为后一种语气更能让人接受。

多采用礼貌的态度、谦和的语气，就能顺利地与买家建立起良好的沟通。

## 2. 遇到问题多检讨自己少责怪对方

遇到问题时，先想想自己有什么做得不周到的地方，诚恳地向买家检讨自己的不足，不要上来先指责买家。比如有些内容是写得很清楚的，可是买家没有看到，这时不要指责买家不好好看商品说明，而是应该反省自己没有及时提醒买家。

当我们不理解买家想法的时候，不妨多问问买家是怎么想的，然后站在买家的立场去体会他的心境。

## 3. 表达不同意见时尊重对方的立场

少用"我"，多使用"您"或者"咱们"这样的字眼儿，让买家感觉你在全心地为他考虑。当买家表达不同的意见时，客服要力求体谅和理解买家，通过"我理解您现在的心情，目前……"或者"我也是这么想的，不过……"来进行表达，这样买家能觉得你在体会他的想法，是站在他的立场思考问题的。同样，他也会试图站在你的立场来考虑。

## 4. 认真倾听，再做判断和推荐

有的时候买家常常会用一个没头没尾的问题来开头，比如"我送朋友送哪个好"，或者"这个好不好"。不要着急去回复他的问题，而是先问问买家的情况，需要什么样的东西，如果他自己也不是很清楚，你就要帮他分析情况，然后从他的角度来帮他推荐合适的商品。

## 5. 保持相同的谈话方式

与不同的买家交谈时，应该尽量用和他们相同的谈话方式。如果是个年轻的妈妈要给孩子选商品，你应该站在母亲的立场上，考虑孩子的需要，用比较成熟的语气来表述，这样更能得到买家的信赖。如果你自己表现得更像个孩子，买家会对你的推荐表示怀疑。

如果你常常使用网络语言，但是在和买家交流的时候，有可能他对你使用的网络语言不理解，会感觉和你有交流上的障碍，有的人也不太喜欢太年轻态的语言。所以建议在和买家交流的时候，尽量不要使用太多的网络语言。

## 6. 坚持自己的原则

在销售过程中，经常会遇到讨价还价的买家，这个时候你应当坚持自己的原则。

如果在制定价格的时候已经决定不再议价，那么就应该向要求议价的买家明确表态。

比如说运费，如果买家不符合包邮的条件，而你给某位买家包了邮，钱是小事，但后果严重。

（1）其他买家会觉得不公平，使店铺失去公平性。

（2）给买家留下经营管理不正规的印象，从而看不起店铺。

（3）给买家留下商品价格与商品成本差距过大的感觉，否则为什么你还有额外包邮的利润空间呢？

（4）该买家下次来购物还会要求和这次一样的特殊待遇，或进行更多的议价，这样你就需要投入更多的时间成本来应对。

# 11.5 客服管理

店铺之间的竞争归根到底是人的竞争。如何有效地激发客服的积极性，使客服更加忠诚于公司、尽心尽力地完成工作呢？

## 11.5.1 招聘合适的客服

随着网店的交易量越来越大，网店日常的管理营销工作已不是店主一个人就能够应付的，许多网店开始寻找专门的网店管理人员，从而催生了一项新的职业——网店客服。怎样才能招到合适的客服呢？

一般来说，网店客服的工作很杂，也比较枯燥，因此一般能够招到一个出色的客服不是很容易的。招聘客服，首先是打字速度要快，这个在招聘的时候需要测试。其次，客服要有耐心和亲和力，在线上和线下的表现方式是不一样的，有些人在线下可能给人感觉很冷漠，线上却表现出了另一面。

不能招聘功利心太强的人，急功近利的人会不择手段地去促成交易，但这对网店造成的不良影响是不可低估的。

## 11.5.2 有效避免客服跳槽

统计数据显示，网店流失的员工很大一部分是客服，客服往往在工作三四个月的时候流失的概率最高。常见的状况是这样的，新员工到了某网店，先接受一些制度、流程的培训，就开始上岗实习，并且因为客服的门槛较低，比较容易上手，很多人在工作一段时间后就会有自己当老板的想法；再加上客服劳动强度大，工作比较复杂，这样就很容易造成客服的流失。那应该怎样有效避免客服跳槽呢？

**1. 实施人性化管理**

客服这个工作是比较辛苦的，整天对着计算机，跟各种各样的人进行沟通，是一个"伤神劳人"的事情。作为店主，应该尽量对客服好一点，不要过于限制他们的"工作自由"，比如可以一边听音乐一边为买家服务等。

**2. 采取激励制度激发客服的工作热情**

对于客服来讲，收入才是最真实的。店主要真正地实施收入和能力挂钩的工资制度，不能等他们真正做到较高交易额的时候，你又舍不得兑现当初的提成承诺了。绩效考核制度必不可少，要给客服制定出工作标准，让他们知道什么可为，什么不可为，做得好的自然会被嘉奖，这样有利于提高客服的工作绩效。很多跳槽的人都觉得客服是没有发展前景的行业，此时，店主通过网店的一系列设计，给客服设计一个发展方向，让其有一个工作目标，可有效避免客服跳槽，也更易于管理。

### 11.5.3 缓解客服的压力

压力是一把双刃剑，合理的压力能够促使人不断地进步。但如果压力太大，就会带来很大的负面影响，甚至引发一些严重的身心疾病。这就要求店主帮客服将压力控制在一个适度的水平。

有些客服反映，自己的工作没有清晰的目标，感到越来越迷茫，不知道自己要做些什么。每个人每天都反复处理一些乱七八糟的事情。压力具有感染性，任何由于压力而导致工作出现问题的员工都可能给同事、上司、下级增加压力，管理人员的压力会不自觉地传递到一线客服身上。

对于一线客服来讲，其所做的工作大多是枯燥和重复的，对他们来说，几乎随时都存在压力。目前很大一部分网店客服都是二十来岁的年轻人，很多客服对工作的认识还不是很成熟，又是初入职场，情绪不是很稳定。在提供服务的过程中，在买家期望不断增长的前提下，客服不仅要严格遵守店铺的各项工作规章制度及流程，还必须通过不断地接受培训来熟悉各种新商品，在这期间，他们还不得不面对大量的买家投诉甚至是无理的骚扰。这给很多客服带来很大的压力。

作为一名店主，你的首要工作是创造一种轻松愉悦的工作氛围，调动和协调组织内外的各种资源，通过客服团队的高效工作，实现店铺的目标。既然在工作和生活中，压力是挥之不去的，压力带来的负面影响又十分大，那就应该去正视和面对压力。压力管理需要理性、技巧和方法。那么卖家应怎样帮助客服缓解压力呢？建议从以下方面着手。

## 1. 了解压力的来源

压力简单地说就是任何能扰乱人们心理、生理健康状态的干扰，压力一旦产生，其结果会危害个人、家庭、社会以及团队。随着时间的累积，负面压力会让人感到精神抑郁、精疲力竭、周身不适，甚至危及生命。

压力大小与压力的来源成正比，与个人的心理承受能力成反比，个人的心理承受能力越强，压力的缓解能力越强。所以要缓解客服的压力，就必须要对他们的内心加以引导和调节，使其能够对压力有一个客观的认识，从改变客服对压力的看法开始，进而改变其对工作的看法，最终增强其对压力的承受力。

对客服来说，压力的主要来源有以下几种。

（1）工作城市较大，上班路途较远，上下班要花费大量的时间。

（2）部分客服在上班时要努力工作，回家后还有繁重的家务。

（3）很多客服下班后还要进行"充电"。

（4）内部运营方式、服务方式及制度、流程、文化的变化。

（5）工作领域的变化、工作职位的变化、工作关系的变化，如对决策不加反馈，办公行政问题、角色不清，工作限期不合理，个性冲突。

（6）工作环境拥挤，空气流通不好。

（7）没完没了的新业务、部分客户的投诉、接到骚扰电话，以及公司没有提供必要的培训及指导等都会给客服带来很大的压力。

## 2. 如何进行有效的压力管理

（1）创建良好的工作环境。在工作区域摆放一些绿色植物，保证良好的通风、充足的光线、适宜的湿度和室内温度，提供舒适的座椅，宽敞的休息室、会议室，及时维修或置换有故障的办公设备，如耳麦、计算机、键盘、鼠标等。

（2）明晰的工作职责。进行工作分析，制定明晰的工作说明，确定客服的工作职责，避免由于职责不清引发组织内的冲突。

（3）通过制定相应的策略帮助客服缓解压力。完善绩效管理制度、工作流程，并及时给客服提供相应的培训、指导和反馈；通过培训提高全体客服对压力管理的认识，客服能掌握一定的压力管理技巧；同时还应当为客服提供适当的运动设施、定期体检，从长远出发提高客服的整体健康水平。

（4）提升技能。有针对性的培训能帮助和提升客服对角色的认知、掌握必要的工作技能，如时间管理、有效沟通、团队建设、员工激励、授权、辅导等多方面的技能。

（5）为客服提供职业生涯规划。职业生涯规划能帮助客服客观地认识自己，抛弃不切实际的期望值太高的目标，使客服站在最合适的定位上，处于一个最佳的平衡状态，既不会因为定位过高而面临过度的压力，也不会因为定位过低而面临匮乏的压力。

（6）团队及文化建设。团队及文化建设不仅能够有效地提高客服的凝聚力，而且可以创造出一种轻松、上进的工作氛围，使客服在努力实现自我目标的同时，有力地推进组织目标的实现，如组织集体活动、聚会及文体活动等。

（7）顺畅的信息传递渠道。加强与客服的沟通，及时了解客服的心声，如定期与客服进行沟通或设立意见箱等。

进行有效的压力管理，不仅能够有效地帮助客服减轻压力，更增加了店铺的凝聚力、核心竞争力，拉近了客服和店铺之间的距离，促进了客服满意度和客户满意度的提高，有效地提升店铺的服务水准。

## 11.5.4 调动客服积极性的有效手段

如何调动客服的积极性，增强店铺凝聚力，这是店铺亟需解决的突出实际问题，也是店铺管理工作中的难点。

对于调动客服的积极性，不同的店主有不同的方法，但是其目的都只有一个，即提高客服的积极性，从而大大提高客服的工作效率。

## 1．使客服时刻明白自己应承担的职责

第一点是如果客服不明白自己的工作内容，或者说忽略了一些他们认为不重要的工作，这就造成了工作成果不能按照预期实现。而不良的工作成果给了客服消极的反馈，因此会降低他们的积极性。一个整天都不知道自己工作目的的人，会以多大的热情投入工作中去呢？店主应该时常向客服明确他们的工作内容和职责，以确保他们能按照正确的方法进行工作，而不是按照他们的习惯进行工作。

第二点是工作内容和工作职责其实是不一样的。大多数的店主只喜欢向客服明确工作内容，而不明确工作职责。当一个客服只清楚工作内容时，他们会认为自己仅仅是一个执行者，没有什么成就感；而通过沟通，让他们能了解自己的工作职责，那么他们会认识到自己工作的价值，进而能从中获得激励。

## 2．不断认可

当客服完成了某项任务时，最需要得到的是店主对其工作的肯定。店主的认可就是对其工作成绩的最大肯定。店主的认可是一个秘密武器，但认可的时效性最为关键。如果用得太多，这一方法的效果将会减弱；如果只在某些特殊场合和少有的成就时使用，效果就会增加。对于客服来说，得到店主的表扬和肯定就是最大的精神奖励，因为这是对他们价值体现的肯定。

## 3．真诚赞美

这是认可客服的一种形式。店主一般都吝于称赞客服做得如何，有些人将此归咎于缺乏必要的技巧。其实，称赞客服并不复杂，根本无须考虑时间与地点的问题，随处随时都可以称赞客服。在恰当的时间恰当地赞美客服，对客服而言比加薪、正式奖励或众多的资格证书及勋章更有意义。

## 4．多和客服沟通，建立朋友式的关系

很多店主都是高高在上地发号施令，而客服就只能默默接受命令。但店主不能只是告诉他们该怎么做，而应该用自己具有说服力的言行使他们乐意去做。这就需要店主指出他们这么做能得到的好处。不太忙的时候，店主可以和客服一起聊聊天，可以关心一下客服的生活，和客服成为无话不说的朋友。

## 5．虚心倾听客服的意见

这种做法能激励客服，表明店主很在乎他们的意见，并且在很多时候他们

都能提出很好的建议。在一些销售策略的拟定、方针的执行等方面，发动客服参与到讨论中来，能让他们感受到被尊重，体会到自己的价值。一意孤行的店主往往会"众叛亲离"，而在"众叛亲离"之前，就是跟随者们低迷、消极的时期。所以，当客服积极性不高的时候，可能是与上级存在某种沟通上的障碍。店主与客服积极沟通，以消除障碍，提高客服积极性，这才是一种双赢的做法。

比如张兰开了一家网上服装店，虽然店铺是她自己的，但是每当她遇到什么困难，或者有什么做得不对的地方，她都会听听客服的建议，并改正自己的做法。有时候张兰进的货，款式并不好，客服也会对张兰提出建议。当张兰打算对店铺进行简单的装修时，她也先倾听客服的意见。其实客服作为一线销售人员，他们的意见也常代表着买家的意见，而店铺要做的就是最大化满足买家的需求。让客服也参与店铺的管理，增强他们的责任感，也大大提高了他们工作的积极性。因为他们觉得，自己所说的老板都觉得很有道理。换句话说，给客服一个广阔的天空，他们就会更努力地工作。

## 6. 强化激励

强化激励也可以称为竞争激励。让每个客服在心里形成一种竞争意识。客服总有一种在竞争中成为优胜者的心理。店主可以组织各种形式的比赛激发客服的热情，创造一种比学赶超的竞争环境和气氛。凭借这种方法来统一客服的思想、信念和意识，调动客服的积极性。

## 7. 给客服更多的自由空间

不管是机器还是人，工作久了都需要休息。因此，只要不影响工作，休息的时间可以适当延长些。你只有尊重别人，别人才会尊重你。一个客服得到了老板的尊重，那他会更专心地工作。

## 8. 必要时让客服写书面报告

事实上，针对自己的工作写书面报告，能帮助客服整理清楚自己的工作状态，能凸显问题，也能让客服找到改善的方向，这样工作就比较容易开展。另外，客服在写工作报告的时候，也是了解自己价值的时候。

## 9. 给予一对一的指导

指导意味着客服的发展，而店主花费的仅仅是时间。但通过指导传递给客服的信息是你非常在乎他们，而且对于客服来说，他们可能并不在乎上级能教给他们多少工作技巧，而更在乎上级究竟有多关注他们。无论何时，指导的重点都是肯定的反馈，在公众场合进行指导时更是如此。

### 10. 团队聚会活动

不定期的聚会活动可以增强凝聚力，同时也有助于增强团队意识。而这样做最终会对工作环境产生影响，营造一个积极向上的工作氛围。如中秋节前夕的晚会、元旦前的野餐、重阳节的爬山、客服的生日聚餐、团队庆功会等，这些都可以成功地将客服聚到一起度过快乐的时光。同时，最好再将这些活动通过图片、视频等形式保留下来，放在网站上，让这些美好的时光成为永恒，时刻给客服温馨的体验与团队归属的激励。

## 11.6 客服绩效考核

绩效考核通常也称为业绩考评或"考绩"，是针对店铺中每个客服所承担的工作的实际效果及其对店铺的贡献或价值，应用各种科学的定性和定量的方法进行考核和评价。

### 11.6.1 客服绩效考核的原则

客服绩效考核有以下原则。

### 1. 公平原则

公平是确立和推行客服绩效考核制度的前提，不公平就不可能发挥绩效考核应有的作用。

### 2. 严格原则

绩效考核不严格，就会流于形式，形同虚设。绩效考核不严，不仅不能全面地反映客服的真实情况，而且还会产生消极的后果。绩效考核的严格性包括：要有明确的考核标准，要有严肃认真的考核态度，要有严格的考核制度与科学的程序及方法等。

### 3. 单头考核的原则

对各级职工的考核都必须由被考核者的"直接上级"进行。直接上级相对来说最了解被考核者的实际工作表现（成绩、能力、适应性），也最有可能得出有关其工作的真实情况的结论。

### 4. 结果公开原则

绩效考核的结论应对本人公开，这是保证绩效考核民主的重要手段。这样做，一方面可以使被考核者了解自己的优点和缺点、长处和短处，从而使考核成绩好的人再接再厉，继续保持先进，也可以使考核成绩不好的人心悦诚服，奋起上进；另一方面，这还有助于防止绩效考核中可能出现的偏见以及种种误差，以保证绩效考核的公平与合理。

### 5. 结合奖惩原则

依据绩效考核的结果，应有赏有罚，有升有降，而且这种赏罚、升降不仅与精神激励相联系，还必须通过工资、奖金等方式同物质利益相联系，这样才能达到绩效考核的真正目的。

### 6. 客观考核的原则

绩效考核应当有明确规定的考核标准，依据客观考核资料进行考核，尽量避免渗入主观性和感情色彩。

### 7. 反馈的原则

考核的结果一定要反馈给被考核者本人，否则就起不到考核的教育作用。在反馈考核结果的同时，应当向被考核者就评语进行说明解释，肯定其成绩和进步，说明其不足之处，提供今后努力的参考意见等。

### 8. 差别的原则

不同考核的等级之间应当有鲜明的差别，针对不同的考核结果在工资、晋升等方面应体现明显差别，使考核带有刺激性。

## 11.6.2　客服绩效考核注意事项

真正的客服管理其实单靠人性化或者人情管理是完全不够的，需要的是科学的薪酬结构与工作安排。为了调动客服工作的积极性，要制定合理的客服绩效考核制度。客服的绩效考核主要是根据每个人每天的订单量来进行的，做好客服每天的工作量统计，并为每个客服单独设立绩效档案。同时以客服的绩效考核指标为参照，为客服设立合理的任务额度，这样还可以了解客服的工作是否尽心尽力。

### 11.6.3 如何考核网店客服

店铺越做越大，需要招聘越来越多的客服，有些店主对给客服发多少工资感到束手无策，对客服工作能力无从了解，又因为在客服绩效考核这块一直拿捏不准，就统一给同样的待遇。如果给所有的客服都发同样的工资，做得好的客服会认为别人做不好却拥有一样的待遇而心里不平衡，做得不好的客服会认为怎么样都有跟别人一样的待遇而毫无压力。这就会形成一个恶性循环，店铺的发展情况可想而知。

就一般情况而言，客服的绩效考核应从其所创造的订单价值、商品推荐技巧、咨询转化能力、接待反应效率以及售后处理能力等方面入手，每个方面所包含的数据都非常烦琐。这里分享一种简单的方法，中/小卖家一般更关心自己的客服团队给自己带来多少营收及客服的工作态度如何，那么可以重点查看以下几个数据。

（1）客服的咨询转化率：客服接待客户实际下单的比率。

（2）客服的日/月订单数量：客服落实下单的订单数。

（3）客服的日/月销售金额：客服落实下单的订单金额。

（4）客服的订单流失率：客服落实下单但最终订单关闭的比率。

（5）客服的平均响应时间：客服对客户发起的咨询的平均响应时间。

（6）咨询未回复数：客服对客户发起的咨询未回复的总数。

通过单独对比这几个数据，店主可以发现每个客服的薄弱环节，综合对比则能发现团队中的精英人员。比如对订单总数、咨询转化率进行分析，可找出影响客服工作成果的是咨询量过少，还是其销售能力不足。店主通过这些数据可以很快找出客服团队中每个员工的短板，为其制订合理且具有针对性的培训方案。

# 第12章　完善客户服务，做大网店规模

　　网店的客户服务是非常重要的。客服需要重视任何一个客户。不管客户是否购买，都应该重视客户，让客户感受到满意的服务。这样不但可以留住原有的客户，也可以发展潜在的客户。客户服务是一项烦琐、艰巨，同时又需要讲究技巧的工作。

# 12.1　在网上与买家沟通的基本原则

　　网店经营中，卖家与买家虽然不能直接面对面的交流，但是与买家打交道的时候必须注意技巧。实体店中有效的处理与买家关系的基本方式，也可以在网店的经营中进行借鉴。

　　沟通是双向的，什么样的买家都有，在素质、个性、修养等方面都有差别。卖家只有做好自己，热情有度，不卑不亢，不断积累总结经验，练就良好的素质与沟通技巧，才能在沟通中游刃有余。

## 1. 将心比心，换位思考

　　在与买家的沟通过程中，卖家不要把自己摆在"我是卖家"的位置上，要把自己当作一个买家，或者说把自己当作买家的朋友，这时候你在思路上才能真正贴近买家，才知道怎样去介绍商品。只有站在买家的角度来考虑问题，卖家才知道怎样来引导买家，这样卖家的观点、卖家的讲解才能引起买家的认同。多份宽容和理解，以和为贵，做好沟通才能双赢。

　　常见的是遇到新手买家，他会问很多问题，而且有的还不是一天就能成交，让人怀疑他是否真心想要交易。对此卖家应报以宽容的态度，因为新手买家容易遇到很多问题，如忘记密码了、网银操作不顺畅，或是对在网上交易不太放心等。

## 2. 礼貌先行，微笑服务

　　"礼貌先行"是交朋结友的先锋，有这样一个说法：要想得到别人的尊敬，首先要尊敬别人。卖家与买家沟通时要给买家留下良好的印象，让买家愿意同你沟通，所以，卖家必须表现得谦虚有礼，热情有度，营造和谐友好的气氛。

　　在通过网络即时通信工具进行交流时，要客气地回复第一次来店里的买家并可添加表情，如微笑的脸或一朵玫瑰等；如果是暂时离开的状态，那么要设置好自动回复信息，且要说明会尽快回来回复；回来后第一时间回复买家并道歉，谢谢买家的耐心等待。

## 3. 预先考虑买家的需求

　　每位买家的需求特点虽然不一样，但作为买家都有一个共同的购物心理，有共同的规律可循。

在网店经营中，卖家在商品图片的拍摄、商品说明以及信息回馈等各方面都要为买家考虑周详。必须做到快速回复买家提出的问题，这样就要求卖家要经常维护网店，如果实在有事不方便上网，也应该留下别的联系方式以及相关说明，以免让买家认为受到冷落。

为买家服务不仅要为买家解决问题，而且要让买家有愉快的心情，使买家享受一个快乐的购买过程。

### 4. 善听善解，领会意图

要成为一个沟通高手，首先要善于聆听。当买家未问完时不要打断，对买家的发问要及时准确地回答，这样买家才会认为卖家是在认真听他说话，是善于理解与沟通的，才会觉得被尊重，也才会对店铺的商品感兴趣。同时，倾听可以使买家更加愿意接纳卖家的意见，卖家在倾听完后说的话也更容易说服买家。

要领会买家意图，抓住买家心理，卖家可以在交谈过程中去看看买家的信用评价或者发过的商品评价。通过买家的评价、购买过的商品，再加上和买家进行的交流，卖家大致就能了解对方是个怎样的买家，然后再做出相应的反应并提供相应的服务。

### 5. 为买家着想

现在是一个快节奏、高效率的时代，时间很宝贵。因此，卖家在为买家服务的时候，首先要考虑如何节省买家的时间，为买家提供便利快捷的服务。设身处地为买家着想，以买家的观点来看待商品的说明、商品的种类、各项服务等，这样会让买家感到方便满意。事实上。许多卖家并不了解买家的需要和期望，不了解买家迫切需要的是什么样的服务，所以结果往往不理想。

比如买家买到的商品不如期望的那么高或者不合适，此时卖家应为买家想想，买到一件不太适合自己或不太喜欢的商品谁的心里都高兴不起来，此时卖家不应一口气就回绝买家的退换要求或使用理直气壮的语气回复买家，否则有可能导致买家的情绪变得激烈，以致退款或不好的评价，甚至是投诉。如果此时注重引导买家，说出症结所在并给买家合理的建议，相信买家也能心平气和地接受现实。

### 6. 满足买家的尊荣感和自我价值感

要赢得买家的满意，不仅要被动式地解决买家问题，更要对买家的需要、期望和态度有充分的了解，把对买家的关怀纳入自己的工作和生活中，发挥主动性，提供量身定做的服务，真正满足买家的尊荣感和自我价值感，不要只让买家满意，要让买家超乎预期地满意。

### 7．尊重买家

得到别人的尊重在人的需求中具有较高层次，买家的购买过程是一个在消费过程中寻求尊重的过程。买家对于网上购物活动的参与程度和积极性，很大程度上取决于卖家对买家的尊重程度。只有信任和尊重买家，永远真诚地视买家为朋友、给买家以"可靠的关怀"和"贴心的帮助"，才是卖家面对买家的唯一正确心态，才能赢得买家。

### 8．理性沟通，避免情绪化

网上开店会遇到各种各样的买家：有的过于挑剔，会问个没完没了；有的对卖家不太尊重，连问话都是质问式的；有的拍下商品后就像消失了一样；等等。这些买家都有可能在沟通过程中让卖家的情绪爆发。如果买家的行为真的很让人生气，此时卖家需要的是保持冷静。不冷静只会产生争执，不会有结果，更不可能有好结果，所以，这种沟通无济于事。

在有情绪时也不要做出任何决定。此时的沟通常常无好话，既理不清，也讲不明，很容易做出情绪性、冲动性的决定，这很容易让事情不可挽回，令人后悔。

### 9．对买家的差评要接受

网店经营最具特色的一个环节就是交易完成之后，买家可以为卖家评分。如果买家感觉对方的服务不好，或者沟通不顺畅，可以给卖家差评，这时，卖家店铺的总积分就会被扣去一分。卖家很注重自己的积分，因为积分多才能让店铺的等级上升，这样就可以招徕更多的买家。一旦得了差评，首先要客观回应买家的批评。如果确实是自己做得不够好，一定要虚心接受，然后改正自己服务中的缺陷。只有这样，网店的服务才会更好。买家也会觉得你经营有方，对他有足够的重视。不过恶意差评另当别论。

### 10．提升职业化素质

卖家必须熟知商品的专业知识，店铺不但要卖商品，更要卖文化、卖知识。卖家必须了解商品的相关知识，并在合适的时机把买家需要的信息传达给买家，这样才能提高成交率。

（1）要了解商品所用的材质，制造、加工技术，这样才能体现出商品的特色和精细度。

（2）了解商品的功能（包括最直接的功能）、用途，比如是否保暖。

（3）了解商品的耐久性，商品使用的时间长短。

（4）了解商品的使用方法、保养方法，比如如何进行搭配、西服如何保持挺括等。

（5）了解商品的经济性，与定位相同的竞争对手相比价格的高低。

（6）了解商品的设计、色彩，商品的设计风格与特色。

（7）了解商品的流行性，即商品处在其生命周期的哪一阶段。

（8）了解商品的包装、商标、形象，由商品本身开始向外包装延伸。

（9）了解各类活动、赠品，现在购买有没有什么优惠活动；了解售后保证，消除买家的后顾之忧。

而通常在与买家进行问答交流时，卖家会遇到一些意想不到或者比较难回答的问题，此时卖家要表现出专业化的职业素质，给出专业的意见，使买家感到卖家值得信任、很可靠。

## 12.2 售前服务——打消买家的疑虑有妙招

根据对买家购买商品时的心理分析，多数买家对于自己想购买的商品，在某种程度上都抱有疑虑。买家的疑虑一般是因为对店铺的服务和商品质量不了解而产生的。巧妙地让买家打消这些疑虑，是卖家的职责，是成功交易的前提，否则只会使得店铺的客流量越来越少，销售业绩越来越差。常见的打消买家疑虑的方法有以下几种。

### 12.2.1 客观地向买家介绍商品

卖家必须针对商品本身的特点及商品的缺点，客观地向买家介绍商品。商品的缺点是应该尽量避免触及的，如果因此造成事后买家的抱怨，卖家会失去信用。所以，要让买家了解商品的缺点，之后还要努力让他知道商品的优点。

怎样得知商品的优点与缺点呢？以下是一些获取信息的渠道。

（1）向本店的资深人员询问。

（2）向厂商、批发商的营业人员询问。

（3）阅读报纸、专业杂志。

（4）参观展示会、工厂。

（5）利用电视、杂志等媒体收集资料。

（6）亲自试穿、试吃、试用。

现在的买家从电视、网络等媒体得知了许多现代资讯。因此，卖家也要及时吸收专业的知识。除了这些之外，卖家自己感受到的穿的感觉、吃的感觉和使用的心得等如能一并让买家知晓的话，将会更具说服力。

卖家可以采用如下的语言来回复买家。

卖家："您真是好眼力，我们的设计师特意使用了这种进口面料，以使您在穿着这种衣服活动的时候更加舒展得体。我们的许多买家穿上这件衣服后的反应都非常好！"

卖家："由于我们的商品款式经典、质量上乘、价格公道并且服务完善，因此我们的商品卖得都非常好。"

卖家："一般买家喜欢纯棉的原因是纯棉的面料比较吸汗透气、穿着舒适，所以我们在面料里加入了 90% 的棉，这样穿起来很舒适，这一点您不必担心，而且我们还在面料中加入了 ××× 的成分，使衣服打理起来比纯棉面料的衣服更轻松、更方便。"

要陈述商品对买家有价值的部分，而不是滔滔不绝地只讲述商品的特征。如下是一个典型的案例。

买家："刚才您介绍的那款电池真的可以用 3 年？"

卖家："您看，说明书上有详细的电池寿命的说明，正常使用情况下，这款充电次数为 5000 次，在您一天最多充电 4 次的情况下，就是 1200 多天，3 年多呢。"

买家："可是你们这个产品刚推出不到半年，怎么就知道可以用 3 年多呢？如果电池不到 3 年就无法充电了，你们答应给免费更换吗？"

卖家："所有小型电器产品，尤其是移动类型的产品，如播放器的主要问题就是电池的性能。商品在推向市场之前，已经经过大量的测试，尤其是抗衰减测试。使用 3 年以后，也到了播放器更新换代的时候，如果用户仍然继续使用，我们提供以成本价更换电池的服务，这正是我们品牌的独到之处。"

买家有各种各样的疑问其实是非常正常的事情。买家怀疑商品品质、技术特点的主要原因是卖家在介绍商品时，没有把商品的属性、作用和利益都向买家介绍清楚。

## 12.2.2 帮助买家消除心中的顾虑

在购买商品的过程中，大多数买家经常会心存顾虑。卖家首先应该知道买家为什么会有顾虑，顾虑是怎样产生的，顾虑产生的根源是什么，是对商品不了解，还是沟通有问题。

买家担心的问题可能是客观存在的，也可能只是心理作用。这时，卖家应该主动发现买家的顾虑，打消买家的顾虑。在交易过程中，消除买家的顾虑是非常重要的，只有当买家完全信任你的商品或服务，没有任何顾虑时，沟通才算是成功的。

所以，在销售的过程中，迅速有效地消除买家的顾虑，对卖家来说是十分必要的。因为聪明的卖家都知道，如果不能够从根本上消除买家的顾虑，交易就很难成功。

事实上这些顾虑也是有一定道理的。因为新闻媒体经常报道一些买家购买到假冒伪劣商品的事例，尤其是一些假冒伪劣的家电用品，有些甚至会给买家的生命造成巨大威胁。类似的情况很多，使得买家在不自觉中绷紧了心头的那根弦，在购买过程中，他们会时时刻刻担心商品的质量不好，担心是否存在着安全隐患，以免自己的利益受损。很多时候，买家害怕损失金钱或者是花一些冤枉钱，他们担心这种商品或者服务根本不值这个钱。

卖家要想在销售过程中消除买家的顾虑，首先需要做的就是向买家保证，他们购买的动机是非常明智的，而且钱会花得很值得；而且购买你的商品是他们在价值、利益等方面做出的最好的选择。下面是一个用真诚消除买家顾虑的典型案例。

卖家："您好！您上次看的那款计算机，觉得怎么样？"

买家："那台计算机我看过了，品牌不错，产品质量也还好，不过我还需要考虑考虑。"（买家开始提出顾虑。）

卖家："我明白，您做事考虑得十分周全。只是我想请教一下，您考虑的是哪方面的问题？"

买家："价格太高了。"

卖家："您主要是与什么进行对比的呢？"

买家："你的产品与×××店的差不多，而价格却比对方高出400多块钱呢！"

卖家："我理解，价格当然很重要。除了价格以外，您还关心什么？"

买家："当然，买品牌计算机我还很关心服务。"

卖家："我理解，也就是说服务是您目前最关心的一个问题，对吧？"

买家："对。"

卖家："您看，就我们的服务而言，我们的服务是3年内全国联保的，×××品牌的售后网点遍布全国各地，3年内有问题都可以保修的。您看我们的服务怎么样？"

买家："还好。"（买家开始表示认同，这就等于发出了购买信号。）

卖家："既然您也认可产品的质量，对服务也满意，您看是不是就可以拍下了呢？"

买家："其实吧，我是在考虑买兼容机好一些呢，还是买品牌机好一些，品牌机太贵了。"（买家有新的顾虑，这很好，只要表达出来，就可以解决。）

卖家："当然，我理解您这种出于节省成本的想法。我担心的一个问题是，您买了兼容机回来，万一计算机出了问题，您不能得到很好的售后服务保障的话，到时带给您的可能是更大的麻烦，对吧？"

买家："对呀，这也是我选择品牌机的原因。"（买家认同卖家的想法，这是促成的时机。）

卖家："对，我完全赞同您的想法，您就放心下单吧。"

买家："好，那我就拍下了。"

从某种意义上来说，消除买家顾虑的过程也是帮助买家恢复信心的过程。因为当他们犹豫是否购买你的商品时，他们的信心就会出现动摇。这时如果能及时地帮助他们消除顾虑，也就帮助他们增强了信心和勇气。

买家的思想是很复杂的，当接触一些新鲜事物的时候，往往会不理解，想不通，疑虑重重。但只要能把握脉络，层层递进，把理说透，就能消除买家的顾虑，使销售顺利进行。

在销售的过程中，买家心存顾虑是一个共性问题，如若不能正确解决，将会给销售带来很大的阻碍。所以，卖家一定要努力打破这种被动的局面，善于接受并巧妙地去消除买家的顾虑，使买家放心地买下自己的商品。

### 12.2.3 以"诚心"换来买家的"耐心"

用耐心、真心、诚心打动买家是卖家服务的宗旨，从每一位买家出发，放大经营中的每一个细节，有针对性地提供服务。

销售确实是一门学问，卖家每天都要接触不同的买家，只有拥有丰富的专业知识才能灵活应对、热情地为他们介绍商品，只有用耐心、真心、诚心才能打动买家，成为买家的朋友。每次与买家交流的机会卖家都应该珍惜，都应该把握住，一点点的失误就可能让卖家与买家失之交臂。因此卖家不能错过每一次机会，尽量把自己掌握的商品信息传达给每一位买家，只有这样才能提高店铺的营业额。

卖家一定要把耐心、真心、诚心作为服务的宗旨，这是搞好客户关系和维持良好的客户关系的基础；还要有过硬的专业知识，给买家介绍时语言通俗易懂，才能让买家更容易接受。

**1. 沉着冷静、细心、耐心、诚心**

一些新手卖家在有人询问商品的价格、颜色、款式、材料等的时候，往往很开心，总想着有生意了。其实很多买家是会进行比较的，网购和实体店购物是一样的，买家都会做比较，在网上进行查找，到这家问问，再到那家问问，最后才能决定买哪一家的商品，这种情况很普遍也很正常。所以有人问只是表明他对这件商品或者这一类商品感兴趣，千万不要以为有人问就一定有人会买。所以作为卖家，心态一定要平和、沉着冷静。

**2. 满足买家的要求**

帮助买家也是卖家要做到的，应尽量满足买家的需求。注意，这里说的是尽量，不是一味地满足买家。对于买家提出的无理要求可以不予理睬，其实买家总想以最低价格得到最好的商品和服务。当收到一些需求时，卖家一定要记得心态要平和、沉着冷静，不要以另一种眼光或态度对待。一定要记得和气生财，做生意讲的就是和气，即使买家提出的要求不合理，也不要和买家争辩。

### 3. 替买家着想

与买家的交易一定要追求双赢,在交易时就要注意,不要把对买家没有用或并不适合买家的商品卖给他,也不要让买家花多余的钱,尽量减少买家不必要的开支。即使没有交易成功,多交一个朋友的收获也不小。

### 4. 尊重买家

对于买家一定要心怀感激,并对买家表达出你的感谢。而对于买家的失误甚至过错,则要表现出你的宽容,而不是责备。

用耐心、真心、诚心打动买家,认真热情、细心周到的服务,可以让买家感到温暖愉悦,使他们再次光顾。

作为卖家始终要坚持买家至上的原则,以细心、耐心、诚心做好每一笔交易,让每一位买家都有宾至如归的感觉,开心愉快地购物,这样创造回头客的概率就会增加,同时会带来更多的效益!

## 12.2.4 巧妙对待各种类型的买家

买家受性别、年龄、性格等因素的影响,对相同商品的反应各不相同。因此,卖家应该因人而异地对待买家。

### 1. 如何应对外向型买家

外向型买家一般做事情都很有自信,凡事亲力亲为,不喜欢他人干涉。如果他意识到做某件事是正确的,那他就会比较积极爽快地去做。对待性格外向的买家要赞成其想法和意见,不要争论,要善于运用诱导法将其说服。在向他们推荐商品或服务时,要让他们有时间讲话,研究他们的目标与需求,注意倾听他们的心声。

### 2. 如何应对随和型买家

这类买家总体上性格开朗,容易相处,内心防线较弱。他们容易被说服,表面上是不喜欢拒绝别人的,所以要耐心地和他们交流。

### 3. 如何应对优柔寡断型买家

有的买家在卖家解释说明后,仍然优柔寡断,迟迟不能做出购买决定。对于这类买家,卖家要极具耐心并多角度地强调商品的特征。在说服过程中,卖家要做到有理有据、有说服力。

## 4. 如何应对"小气"型买家

喜欢贪小便宜是"小气"型买家最大的特征。买东西老嫌贵，还特别喜欢砍价。应对这种买家，跟他们套交情是最佳做法：首先应该热情地跟他们打招呼，赞美他们，并且要提醒他们已经占到了便宜。

## 5. 如何应对稳重型买家

稳重型买家是比较精明的。他们注意细节，思考缜密，决定迟缓并且不急躁。对于这种类型的买家，无论如何一定要想办法让他们自己说服自己，否则他们便不会做出购买决定。不过，一旦赢得了他们的信任，他们又会非常坦诚。

## 6. 如何应对心直口快型买家

有的买家或直接拒绝，或直接要某个商品，一旦做出购买决定，绝不拖泥带水。对待这种买家，卖家要以亲切的态度，顺着买家的话去说服他们；答复的速度尽量快些；介绍商品时，只需说明重点，不必详细说明每个细节。

## 7. 如何应对"慢性子"型买家

如果碰到"慢性子"型买家，千万不能心急，只有耐心回答他们的问题才能使其做出购买决定。

## 8. 如何应对挑剔型买家

喜欢挑剔的买家，往往认为卖家介绍的真实情况言过其实，总是持不信任的态度。对待这种买家，卖家不应该反感，更不能带"气"来反驳买家，而要耐心地倾听，这是最佳的办法。

总之，对于难缠的买家，不要"对抗"，而是要消除、解决和合作，并将最难缠的买家转换为最忠实的买家。买家的难缠，不管有没有道理，卖家若能借此机会仔细深入地检讨，通常可发现自己的一些不足之处。买家在纠缠过程中所提出来的建议也许可直接采用，也许需经修改或转化才可采用，但都有利于提升网店的销售额。

对待不同性格的买家，卖家应采取不同的接待和应对方法，只有这样，才能博得买家的信赖。

# 12.3 售后服务——成功留住买家的方法

售后服务是店铺为已经购买了商品的买家提供的各项服务。售后服务可以有效地维护卖家与买家的感情，使卖家获得买家的宝贵意见，以买家的亲身感受来扩大店铺的影响。它最能体现卖家对买家利益的关心，从而为店铺树立富有人情味的良好形象。

## 12.3.1 网店售后服务的具体事项

售后服务是整个交易过程的重点之一。售后服务和商品的质量、信誉同等重要，在某种程度上售后服务的重要性或许会超过店铺信誉，因为有时店铺信誉不见得是真实的，但是良好的售后服务是无法做假的。

### 1. 树立售后服务的观念

（1）售后服务是整个商品销售过程的重点之一。好的售后服务会给买家带来非常好的购物体验，可能会使这些买家成为店铺的忠实用户，以后经常购买店铺内的商品。

（2）做好售后服务，首先要树立正确的售后服务观念。服务观念是长期培养的一种个人（或者店铺）魅力，卖家应该建立一种"真诚为客户服务"的观念。

（3）售后服务有时很难做到让所有买家都满意。但卖家只要在"真诚为客户服务"的指导下，问心无愧地做好售后服务，相信一定会得到回报的。

（4）卖家应该重视和充分把握与买家交流的每一次机会。因为每一次交流都是一次难得的建立感情、增进了解、增加信任的机会。买家也会把他们认为很好的店铺推荐给更多的朋友。

### 2. 交易结束及时联系

商品成交后卖家应主动和买家联系，避免成交的买家由于没有及时联系而流失掉。

（1）发送交易信息，可以包括账号、应付金额、汇款方式等。为了防止收到很多相同金额的汇款，卖家可以让买家汇款的时候注明编号，这样也方便查询。

（2）货物被签收后及时联系买家。首先询问买家对货物是否满意、货物有没有破损，如买家回答没有，就请买家确认收货并评价。这就是所说的"先发制人"，都满意了，买家还能给差评吗？如果真的有什么问题，因为卖家是主动询问的，也会缓和一下气氛，更有利于解决问题。当然遇到"胡搅蛮缠"的买家则另当别论。

### 3．随时跟踪包裹去向

买家付款后卖家要尽快发货并通知买家，包裹寄出后要随时跟踪包裹去向，如有意外要尽快查明原因，并和买家解释说明。

### 4．交易结束如实评价

评价是买卖双方对于一笔交易最终的看法，也是以后可能想要购买的潜在买家作为参考的一个重要因素。好的评价会让潜在买家放心购买，差的评价往往让潜在买家望而却步。交易结束要及时做出评价，信用至关重要，不论买家还是卖家都很在意自己的信用，在完成交易后及时做出评价，能让其他买家看到自己信用的变化。

评价还有一个很重要的解释功能，如果买家对商品做出了错误的不公正的评价，卖家可以在评价下面及时做出正确合理的解释，防止其他买家因为错误的评价产生错误的理解。

### 5．认真对待退换货

商品寄出前最好认真检查一遍，千万不要发出残次品，也不要发错货。如果因运输而造成商品损坏或其他商品问题，买家要求退换货时，卖家也应痛快地答应买家要求，说不定这个买家以后会成为店铺的忠实客户。

### 6．以平和心态处理买家投诉

任何卖家都不可能让买家完全满意，都会遇到买家投诉。处理买家投诉的一个方法是倾听他们的不满，不断纠正自己的错误，这也是维护卖家信誉的补救方法。该方法运用得当，不但可以增进和巩固卖家与买家的关系，甚至还可以促进销售额的增长。当然不同的卖家处理投诉的方法也不尽相同。

### 7．管理买家资料

随着卖家信誉的增长，买家越来越多，那么管理买家资料也是很重要的。卖家应该好好地总结买家群体的特征，因为只有全面了解买家的情况，才能确保进的货正好是买家喜欢的商品，店铺才能更好地发展。卖家可以建立买家的资料库，及时记录每个成交的买家的联系方式。

### 8. 定期联系买家，并将其发展为忠实买家

交易真正结束后，卖家不要以为什么事也没有了，就此冷落了买家；适时地给买家发一些优惠或新品到店等信息，可能会吸引回头客；每逢节假日给买家发一些问候用语，会增进彼此的感情。当然，也有买家不喜欢这种方式，卖家要灵活运用并随机应变，尽量挑选自己认为比较随和、有潜在性的买家去发展，从而使其成为忠实的买家。

## 12.3.2 回应买家的抱怨

在销售的过程中，卖家可能会遇到买家各种各样的抱怨。抱怨主要是买家对商品的质量、性能或者服务品质不满意的一种表现，一般来讲，它可大可小，可有可无。

但是在销售的过程中，如果卖家不能正确处理买家的抱怨，那么将给店铺带来极大的负面影响。因为一个不满意的买家可能会把他的不满意告诉他身边的很多亲朋好友，并且给店铺一个差评，其影响是不可低估的。因此卖家一定要积极地回应买家的抱怨，适当地对买家做出解释，消除买家的不满，让他们传播店铺的好名声，而不是负面的消息。

通常来讲，买家的抱怨主要来自以下几个方面。

一是买家对商品的质量和性能不满意。出现这种抱怨的原因很可能是广告夸大了商品的功能，结果当买家见到实际商品时，发现与广告不符，由此产生了不满。

二是对客服的服务态度不满意。例如，有些客服总是一味地介绍商品，根本不去了解买家的偏好和需求，同时对买家所提出的问题也不能给予满意的答复，或在销售的过程中，出现轻视买家、不信任买家的现象。

此外，商品的安全性能、售后服务及价格等因素也都可能引发买家的抱怨和不满。

其实，买家的抱怨不管是对卖家还是对客服来说，都是在提醒他们要不断完善自身，做到最优最好，而且抱怨很大程度上来自期望，当买家发现自己的期望没有得到满足时，就会促使抱怨爆发。如果卖家能够妥善地处理这些抱怨，

很有可能使坏事变为好事，不仅不会影响销售，反而会使店铺的销售额更上一个台阶。

客服一定要具有面对买家抱怨的心理准备，当买家抱怨时，客服首先需要做的是不能感情用事。可能在客服看来，一些买家是"鸡蛋里挑骨头"，商品的质量和性能明明很好，他们硬要挑出一些根本不是毛病的毛病。此时，客服一定要注意自己说话的语气和态度，不能愤怒。买家在抱怨时，客服首先要做一个忠实的倾听者，一定要控制住自己的情绪，让买家把话说完，对买家提出的各种问题予以解决。这样在一定程度上可以缓解买家的激动、愤怒情绪，也能为自己争取到思考的时间；而且当买家意识到客服的真诚及周到的服务时，买家的怨气就会减少。

另外，在销售过程中，客服一定要做好接受压力的思想准备，这样才能够在买家抱怨时顺利解决问题。此时，客服可以站在买家的角度来体会买家的感受，这样就能够在一定程度上缓和买家因抱怨而产生的愤怒情绪。

客服应该把面对买家的抱怨当作磨炼自己的机会。在买家抱怨时，客服一定要保持冷静，坦然面对，把买家的抱怨当作历练自己的一次机会，因为只有不断地解决问题，才能够不断进步，变得更加优秀；而且抱怨不仅仅是一种不满、一种愤怒，它还是一种期待、一种信息。通过买家的抱怨，客服会明白在以后的工作中应该避免哪些问题的发生，或者是再发生类似问题时应该怎样解决。这样客服不仅能够赢得买家对自己的信赖，还能够提升自己成功应对各种问题的能力。

### 12.3.3  避免和买家发生争论

在开店过程中，或许会遇到一些蛮不讲理的买家。他们凡事喜欢与人争论，希望在气势上压倒对方，即便他们所提出的话题根本没有任何意义。此时，作为卖家应该怎么办呢？或许卖家也是一个争强好胜、喜欢争辩的人，但试想一下：如果与买家发生争执，双方之间为了一点小事争论不休，最后卖家即使赢了，取得了争执的胜利，可是却为此丢失了一个也许能够成交的买家。可见，受损失的还是卖家，而卖家的胜利也没有任何的意义。

在销售过程中，卖家千万不要与买家争辩，不要错误地以为在这场争执中取得了胜利，买家就会购买店铺的商品。卖家应该时刻记住：应该尽可能地满足买家的一切要求，如果真的不能够满足他，那就在争执中满足他的虚荣心，这样他可能会比较青睐你，对你另眼相看。当顺从买家的意思，不与他进行争执时，你输掉的仅仅是这场争执，赢得的却是这个买家。因为将商品成功销售出去，才是你真正的目的。

所以一定要避免与买家发生正面冲突。这样才能够博得买家的好感，获得真正意义上的胜利。从心理学的角度来讲，这主要是指在销售的过程中要尊重买家，满足买家的心理需求。买家只有在感到自己的需求得到满足后，才能够对你和你的商品产生好感。

当卖家控制不住自己的情绪与买家发生争论时，往往意味着他对整个局面失去了有效控制，这样的销售必定失败。争论本身就是一个令人头疼的大问题，更何况争论还会给今后的销售活动带来一系列的麻烦。与买家争论会更加激发买家的不满，这种不满必定会波及卖家所销售的商品。因此越是在买家表达不满的时候，卖家越是要为买家提供支持和帮助，帮助他们消除不满，这也是促成交易的关键，而与买家争论则是火上浇油。

这种情况多发生在买家对商品有争议或出现售后问题时。在买卖中，卖家常常会与买家有不同的看法，如果无法接受买家的观点，那可能会错过很多成交机会，而且无法和买家建立融洽的关系。即使买家对商品的看法与感受，甚至所得到的结论都和卖家不同，买家还是可以坚持自己的看法、感受和结论。尊重买家的观点，可以让买家了解到你一直在听，而且也听懂了买家的话，虽然你不一定同意他的观点，但还是很尊重他的想法。若是卖家一直无法接受对方的观点，那交易过程也一定很别扭且不融洽，甚至是失败的。

下面是一个与买家发生争论的典型案例，结果当然是没法成交了。

卖家："您好，我想同您商量有关您昨天准备买的那张矫形床的事。您认为那张床有什么问题吗？"

买家："我觉得这种床太硬了。"

卖家："您觉得这床太硬吗？"

买家："是的，我并不要求它有弹簧垫，但它实在太硬了。"

卖家："我还没弄明白。您不是原来跟我讲您的背部目前需要有东西支撑吗？"

买家："对，不过我担心床如果太硬，对我所造成的危害将不亚于软床。"

卖家："可是您一开始不是认为这床很适合您吗？怎么过了一天就不适合了呢？"

买家："我不太喜欢，从各个方面都觉得不太适合。"

卖家："可是您的情况很需要这种床配合治疗。"

买家："我有治疗医生，这你不用操心。"

卖家："我觉得您需要我们的矫形顾问的指导。"

买家："我不需要，你明白吗？"

卖家："您怎么这样，说好要买的，今天又变卦了，怎么出尔反尔，不讲信用呢……"

案例中的卖家与买家发生争执，卖家用各种各样的理由进行辩解时，他可能会在争论中取胜，却也彻底失去了这位买家。

卖家要理解买家有不同的认识和见解，允许买家发表不同的意见。此外还要注意：绝不口出恶言，恶语伤人，言行要谨慎，并且勇于说"对不起"。每个人都有可能犯下小错，或者一些非自己所为的"错"，当自己犯了错时，要有勇气承认错误。而说对不起，不代表真的犯了什么天大的错误或做了什么伤天害理的事，它更像是一种软化剂，使事情留有余地。

## 12.3.4 服务好老买家，留住回头客

一门生意的好坏，主要取决于新买家的消费和老买家的重复消费。开发一个新买家的成本比留住一个老买家要高几倍。可见，老买家的数量决定了生意的好坏，决定了生意的稳定性。所以要多搞活动，留住老买家。要想抓住每一个买家，留住回头客，让他们成为永远的买家，需要做到以下几点。

### 1. 把握好商品质量

要明白质量是维护买家忠诚度最好的保证，是对付竞争者的最有力的武器，是保持增长和赢利的第一要务。卖家只有在商品的质量上下功夫，保证商品的耐用性、可靠性、精确性等价值属性，才能取得优势，才能为商品的销售及品牌的推广创造一个良好的运作基础，也才能真正吸引买家、留住回头客。这样，网店也才会取得更好的口碑。

### 2. 不要让买家感到遗憾

必须不断从各种角度去检查自己所经营的店铺到底让买家满意到了什么程

度。只有不断地进行自我反省和检查，让买家不留有遗憾，才能不断地提高自己的服务质量，以赢得更多的买家。

### 3. 时刻为买家着想

不要忘了站在买家的立场上真心实意地检查每一个商品，不要抱有无所谓的态度。在商品出现问题后，需要马上给买家更换，并诚恳地致歉。

### 4. 诚实待客

做生意一定要诚实，靠欺骗买家是不会长久的。买家是最聪明的，也是最公正的。只要他在店内上过当，他日后定会避而远之，而且他可能会给你一个差评，这样店铺的名声就"臭"了。结果必定是买家越来越少。

### 5. 欢迎难缠的买家

卖家经常会遇到一些比较苛刻的买家，不要以为这一定是坏事。没有挑剔的买家，店铺也不会有大进步。因此对于难缠的买家不要拒之门外，而应表示欢迎。对很挑剔的买家也要毫不嫌弃地耐心对待。

### 6. 提醒买家优惠活动不要错过

告诉买家本次优惠活动到什么时候截止，以后没有这种优惠活动了；或者在刚到一批新货时，希望买家再次光临。

### 7. 对老买家处处优先考虑

无论是在货源采购还是售后服务方面，对老买家要比对新买家更好，这样才能体现出对老买家的重视。可以给老买家提供折扣，而且将限量商品优先卖给老买家。可以让老买家在第一时间获得新款的资料、动态。小型卖家如果给不了太多优惠，最简单的办法就是给老买家免掉邮费，这相当于给老买家打了一个长期折扣。

### 8. 善待"倚老卖老"的老买家

老买家有时也会"倚老卖老"，仗着自己是老买家要求更低折扣等特殊优待。这时千万不要答应，有些事情一旦开了头，就可能收不住。所以一开始就要告诉老买家你的底线，假如超过这条底线，那么即便是再熟的买家也不能给面子。老买家在这个时候想再讨点便宜也知道难度很大，但想想你的商品质量、售后服务都还不错，也就不会为难你了。

下面是一个典型的服务好老买家，留住回头客的案例。

某时装店来了一位女买家，店主热情地接待了她。这位买家是该时装店的老买家，在该时装店持续购物已有一年多的时间，每次有合适的衣服她都会消费几千元。可是，近两个月她一直没有来过，通过交流，店主了解到这位买家比以前胖了很多。

当买家看到一款价值1280元的衬衫时，非常喜欢，可发现这个款式的最大号码才160号，而以前穿的170号现在穿着都很紧。买家说非常喜欢那款衣服，但也感到非常遗憾。细心的店主看出了买家的心思，一边安抚买家一边与厂家沟通，是否可以为买家量身定做。经过一番沟通后得到厂家的肯定答复，买家非常满意，连声道谢。

几天后专门为买家量身定做的衣服送到买家手中，买家试穿后非常满意，随后，她又定制了一件价值980元的真丝衬衫。买家高兴地说："是你们的细心和热情的服务让我重拾了信心，你们的服务非常专业，以后买衣服我就来这里了。"

## 12.4 坦然面对买家投诉

当店铺的信用和规模达到了一定程度之后，交易量会大大增加，买家的投诉必然也会增加。不管是钻石卖家，还是皇冠卖家，都需要处理投诉。

### 12.4.1 应对买家投诉的原则和方法

如果买家对店铺进行了投诉，除了表明买家对卖家寄予厚望与信任之外，也说明店铺在业务能力方面仍存在需要改进的地方。买家的抱怨与投诉越多，说明店铺存在的缺点越多，而买家投诉的地方正是店铺做得不够好的地方。因此，买家的投诉是宝贵的信息，它可以指导店主更好地为买家提供优质服务。

任何一家店铺在对买家服务的过程中，难免会发生买家因服务质量、商品质量以及售后服务水平等问题而出现投诉的现象，因此正确处理买家投诉，已经成为店铺经营管理中的重要内容。下面是卖家处理买家投诉的原则。

（1）要有"买家始终正确"的观念，有了这种观念，就能用平和的心态来处理买家的投诉。

（2）保持心态平和，就事论事，保持主动、友善与乐于助人的态度。

（3）应该认识到投诉店铺和有不满的买家是对店铺有期望的买家。

（4）认真听取买家的投诉，找出事情发生的真正原因。

（5）对于买家的投诉行为应该给予肯定、鼓励和感谢。

（6）对细节进行记录，感谢买家所反映的问题。

（7）掌握问题的核心，提出解决方案并执行解决方案。

（8）总结买家的投诉，妥善处理得失。

## 12.4.2　应对投诉的策略

在销售的过程中，卖家可能会遇到买家各种各样的投诉，如果不能正确处理买家的投诉，那么将会给店铺带来极大的负面影响。因此，卖家一定要积极地回应买家的投诉，适当地对买家做出解释，消除买家的不满，让他们传播店铺的好名声，而不是负面的消息。处理买家投诉的策略主要有以下几个方面。

### 1. 重视买家的投诉

买家投诉不仅可以增进卖家与买家之间的沟通，而且还可以诊断卖家的内部经营与管理所存在的问题，利用买家的投诉与抱怨可以发现店铺需要改进的地方。

### 2. 及时道歉

当出现买家投诉时，卖家必须主动向买家道歉，让买家知道，自己因为给买家带来不便而感到抱歉，即便不是卖家的过错，卖家也要第一时间向买家道歉。

### 3. 耐心多一点，勇于承认错误

客服在了解到买家投诉的具体事由后，如果确实是己方的错误就应该勇敢承认，并向买家道歉，不要试图和买家狡辩。因为处理买家投诉的目的就是消除买家的不满，以重新赢得买家的信任。买家投诉往往就是为了讨个说法，他们要的也许只是客服能够承认错误。

客服在处理投诉时，要耐心地倾听买家的抱怨，不要轻易打断买家的投诉与抱怨，不要批评买家的不足，而是鼓励买家倾诉下去，让他们尽情宣泄心中的不满，耐心地听完买家的倾诉后，再说不好意思或对不起，当他们的发泄得到满足之后，就能够比较自然地接受客服的解释和道歉了。

## 4．态度好一点，语言得体一点

态度谦和友好，会促使买家平稳心绪，理智地协商如何解决问题。买家对商品不满，在发泄不满的言语陈述中有可能会言语过激，如果此时卖家与之针锋相对，势必会恶化彼此的关系，因此卖家在解释的过程中，措辞也应十分严谨，要合情合理、得体大方，尽量用委婉的语言与买家沟通。即使是买家存在不合理的地方，也不要过于冲动，否则只会使买家失望。

## 5．倾听买家的诉说

卖家应以关心的态度倾听买家的诉说，然后用自己的话把买家的投诉重复一遍，确保已经理解了买家的投诉，并且对此与买家达成一致。如果可能，卖家应告诉买家自己会想尽一切办法来解决他们提出的问题。面对买家的投诉，卖家应掌握好聆听的技巧，从买家的投诉中找出买家抱怨的真正原因以及买家对于投诉期望的结果。

## 6．履行承诺

卖家在处理买家投诉时，应该在适当的时机做出承诺，这对于化解买家的怒气、安抚买家的情绪、消除买家的不满都是非常有用的，但是一定要履行自己的承诺，也不要说大话，承诺自己办不到的事情。

面对买家咄咄逼人的攻势，卖家应冷静地做出"情况属实会补偿"的承诺，这样做在使买家放心的同时也化解了买家怨气，处理投诉就容易多了。

卖家做出承诺要把握好时机，一般在稳定买家情绪和提出解决方案时谨慎使用承诺，不要承诺办不到的事情。一旦承诺，就要坚决履行。

## 7．正确及时地解决问题

对于买家的投诉应该正确、及时地进行处理，拖延时间只会使买家的投诉变得越来越强烈。例如，买家投诉商品质量不好，卖家通过调查研究发现，主要原因在于买家使用不当，这时应及时通知买家维修商品，告诉买家正确的使用方法，而不能简单地认为与自己无关，不予理睬。如果经过调查，发现商品确实存在问题，应该给予赔偿，并尽快告诉买家处理的结果。

处理买家投诉的最重要环节就是提出解决方案。客服应该对当前的情况进行评估，然后提出合理可行的解决方案，争取使买家满意；也可以同时提出两个或多个解决方案，供买家选择。

### 8. 征询买家意见

卖家在提出解决方案时，要征询买家的意见，等买家同意后再做决定。需要注意的是，在征询买家的意见时，语气一定要委婉，让买家体会到是自己在行使决策权，同时认为这是最好的解决方案，否则，即使是合理的解决方案，也可能因为卖家的"托大"而使买家发怒，从而激化矛盾。

### 9. 记录买家投诉与解决的情况

对于较复杂的事件，需要详细询问买家问题发生的缘由与过程，详细记录事件的时间、人物、经过等细节内容，理解买家的心情，并给予买家确定的回复时间。在处理买家投诉中发现问题，如果是商品质量问题，应该及时通知厂家；如果是服务态度与沟通技巧问题，应该加强对客服的教育与培训。

### 10. 追踪调查买家对于投诉处理的反映

处理完买家的投诉之后，应与买家积极沟通，了解买家对于卖家处理方法的态度和看法，提高买家对店铺的忠诚度。

## 12.4.3 应对买家的中差评

网店经营中，难免碰到一些急躁的买家，在卖家还没有做出反应时就给了个差评。作为卖家，莫名其妙得到一个差评，不仅扣分还会觉得冤屈。在看到有差评时，卖家要心平气和地看看是什么原因造成的。一般差评有如下几种情况。

（1）心急的买家抱怨物流速度慢。

（2）由于卖家回复太慢，买家认为服务态度差，售后服务没能达到买家的期望。

（3）对商品的一些主观判断，如买家对商品提出的一些异议，包括颜色、大小和外观等。

如果是卖家的过错，要想办法去弥补，即使是运输过程中出了问题，也不要让买家去完全承担。但是往往就是有些人抓住了卖家这种心理，利用差评要挟，特别是新手卖家，此时一定要注意。如果遇到以差评要挟的买家，卖家一定要找到有力证据，与这样的买家斗争到底，坚决维护自己的利益。

如果卖家在第一时间承担了错误，买家就会感觉到卖家是有责任心的，气就会消下去大半。如果卖家又在第一时间拿出处理问题的方案，大多数买家就会用商量的口吻来讨论问题。

买家中有没有贪小便宜的人呢？当然会有，但一定是极少数。聪明的卖家在遇到差评的时候，应该这样想：第一，买家的意见里有没有值得自己参考的地方，如果有，早改比晚改好；第二，能不能用这样的机会，向潜在的买家表明自己对待错误的态度和出色的售后服务管理制度。这样做，就会提高买家对店铺的关注度。

一般情况下买家都是很好说话的。出现差评时，尽量和买家沟通好，如果认为买家提出的问题可以通过换货解决，那就尽量换货。如果买家提出的要求换货也解决不了，那就退货。